Aline Scouarnec
Maryse Juranville
Agnès Baillot

VOYAGE AU CŒUR DU
MANAGEMENT
POUR UN MANAGER À L'ESPRIT DE SERVICE RENOUVELÉ

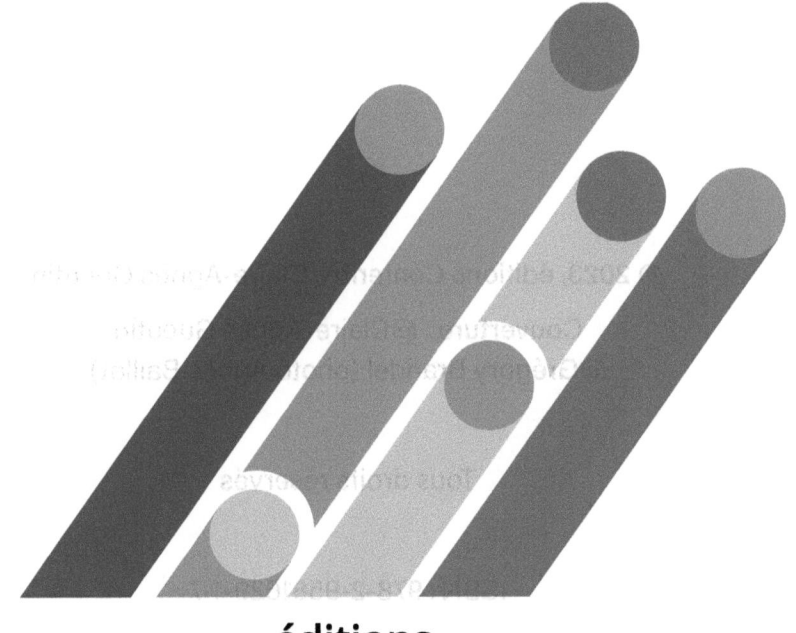

éditions
ContentA

Ce livre a été imprimé à la demande, c'est-à-dire uniquement après sa commande, par BoD - Book on Demand - Norderstedt, Deutschland, sur du papier certifié FSC, donc issu de forêts gérées durablement.

Pas de stocks, pas de gâchis, pas de déchets, pas de pilon !

@ 2023, éditions ContentA, Claire-Agnès Gueutin

Couverture : @Claire-Agnès Gueutin
@Grégory Brandel (photo Agnès Baillot)

Tous droits réservés

ISBN : 978-2-9581629-1-7

Dépôt légal : janvier 2023

SOMMAIRE

PRÉFACE 9
Charles-Henri Besseyre des Horts

INTRODUCTION 19
Quel management avec quels managers demain ? 21

L'ÉTUDE 25
Enquête 1 Le monde d'après, c'est Aujourd'hui 26
Enquête 2 Le monde de demain, c'est manager autrement 28

PARTIE 1
UNE TRANSFORMATION DE L'ÉCOSYSTÈME 31
La transition numérique 33
La conscience environnementale 35
Le rapport au travail revisité 37
Le renouveau relationnel 43

PARTIE 2
LES IMPACTS SUR LES ORGANISATIONS 49
L'influence permanente de la communication et du marketing 51
La ré-invention des « business models » 55
La transformation en question 59
Les nouvelles organisations du travail 63

PARTIE 3
LE MANAGEMENT AU CŒUR DES
BOULEVERSEMENTS 71
Le cœur historique du métier 73
Les nouveaux attendus 77
Les compétences de demain 93

PARTIE 4
LES MANAGERS DE DEMAIN 97

Un monde souhaité : le monde des équilibres 99
L'écosystème 99
Le scénario du manager inspirant 102
Le scénario du manager développeur 104
Le scénario du manager co 106

Le monde augmenté : Le monde des nouvelles relations 109
L'écosystème 109
Le scénario du e-manager 112
Le scénario du manager-écosystème 114
Le scénario du no-manager 116

Le monde redouté : Le monde des excès 119
L'écosystème 119
Le scénario du manager fantôme 122
Le scénario du manager « Sauve qui peut » 124
Le scénario du manager « Culte du chef » 126

Vers un manager Full Hybride 128

PARTIE 5
L'ACCOMPAGNEMENT DES MANAGERS 133
La formation initiale et continue 135
Les pratiques RH 137
Les politiques managériales et les visions des directions générales 139
L'attitude prospective 141

QUELQUES REGARDS D'EXPERTS 143
Céline FOREST 145
Patrice GUÉZOU 148
Thibaud BRIÈRE 151
Serge DERICK 156
Nandini COLIN 159
Franck BRILLET 165

POSTFACE 169
Marie Parker FOLLETT (1868-1933) 169

BIBLIOGRAPHIE 173

Esprit de Service France 178

PRÉFACE

CHARLES-HENRI **BESSEYRE DES HORTS**
Professeur émérite HEC Paris

PRÉFACE
CHARLES-HENRI BESSEYRE DES HORTS

LE MANAGER POST-CRISE SANITAIRE :
FRUGAL, BIENVEILLANT ET INSPIRANT LA CONFIANCE

S'interroger sur ce que sera le manager de l'après-crise sanitaire, c'est prendre un grand risque tant les incertitudes sont encore très grandes. Dans ce contexte, il est nécessaire d'écouter régulièrement ses parties prenantes, quelle que soit la période, et encore plus dans les périodes d'incertitudes comme le fait régulièrement Esprit de Service France (ESF) dans le cadre du Lab ESF, réunissant les praticiens et les experts académiques, qui analyse les impacts de la pandémie sur le manager post-crise. Ainsi, les études menées par le Lab ESF sous l'autorité d'Aline Scouarnec, Professeure des Universités, montrent des tendances intéressantes sur les évolutions prévisibles des profils des managers, détaillées plus loin dans ce livre, à l'aune des enseignements tirés de l'expérience de la pandémie par les entreprises. En complémentarité de ces analyses, je propose trois pistes – frugalité, bienveillance et confiance – pour caractériser le profil du manager post-crise sanitaire sur la base d'observations de pratiques d'entreprises[1] durant la pandémie et de réflexions plus générales sur le manager de demain.

La redécouverte de la frugalité

Le moment historique que nous vivons est sans doute un temps durant lequel nous devons nous interroger sur nos modes de vie. Il est intéressant de noter que les individus et les entreprises ont redécouvert que l'on pouvait faire au moins autant sinon plus avec moins, c'est-à-dire de fonctionner en mode beaucoup plus frugal. Cette réhabilitation de la frugalité n'est pas nouvelle puisque nos amis Indiens en ont même fait un modèle original de développement de l'innovation[2].

---

1. Autissier, D., Peretti, JM. & Besseyre des Horts, CH. (coord.) : *Changement de crise : les organisations à l'épreuve du Covid-19*, MA Editions-Eska, Juillet 2020
2. Radjou, N. & Prabhu, J : *Le guide de l'innovation frugale*, Diateino, 2019

Parler de frugalité prend tout son sens à l'aube d'une vague, que beaucoup décrivent comme un tsunami de l'emploi, qui devrait déferler. La plupart des entreprises n'ont aujourd'hui qu'un seul mot d'ordre à court terme : celui de la réduction des coûts dont l'un des leviers importants est malheureusement celui de la coupe dans les effectifs. Mais, avant de se résoudre à prendre une telle décision, qui pourrait être très préjudiciable à moyen long terme, car des compétences dont on aura cruellement besoin en situation de reprise risquent de disparaître, il est nécessaire de revisiter nos modes de vie dans nos entreprises. Nous devons apprendre à fonctionner différemment avec moins de moyens, par exemple par la diminution des surfaces de bureaux devenus désormais inutiles avec le développement inéluctable du télétravail ou celle de la flotte des véhicules d'entreprise par un basculement vers des modes de plus de transport moins coûteux et surtout plus écologiques. Vivre en mode frugal ne signifie pas pour autant que l'entreprise et les individus se convertissent du jour en lendemain en ascètes, il s'agit simplement de réfléchir ensemble à une meilleure répartition et utilisation des moyens pour permettre de surmonter cette crise en minimisant notamment les coûts sociaux et, à plus long terme, de développer des comportements plus responsables vis-à-vis de son écosystème.

Pour les managers, la frugalité n'est pas vraiment une nouveauté, car depuis des années on leur demande de « faire plus avec moins ». Ils sont les mieux placés pour faire évoluer les mentalités individuelles et collectives en s'inspirant notamment de certains exemples basés sur la frugalité. Ce qui semble être la norme dans le monde de l'ESS (Économie Sociale et Solidaire) pourrait, sous l'impulsion de la Direction Générale, devenir un mode de vie dans l'entreprise, sous réserve bien évidemment que l'équipe dirigeante s'applique à elle-même les principes de la frugalité. Le fameux "walk the talk" anglo-saxon, ou la cohérence entre discours et actes, est un levier essentiel de transformation des mentalités, car on ne peut pas demander aux équipes de réfléchir à des modes de fonctionnement plus frugaux sans démontrer par l'exemple qu'il est possible d'y arriver.

Cette posture de frugalité peut devenir un moyen puissant d'attraction et de rétention de jeunes talents qui sont de plus en plus sensibles à la responsabilité sociétale des entreprises[3] pour réduire les gaspillages, faute de quoi ils risquent de voter avec leurs pieds en quittant une entreprise qui pourtant aurait cruellement besoin d'eux pour survivre et se développer.

Le développement d'un environnement bienveillant

La crise sanitaire peut avoir un autre effet inattendu : celui du développement de la bienveillance dans l'entreprise. Les colloques et ouvrages abondent, en effet, depuis quelques années sur le thème de la bienveillance au travail dans la perspective du mouvement du "Care" (prendre soin) lancé en Amérique du Nord depuis plus de deux décennies[4]. Cette vision de l'environnement de travail est incontestablement teintée d'un si fort optimisme qu'elle fait dire à certains observateurs critiques que la bienveillance au travail ne représente qu'une nouvelle illustration de l'écart qui existe entre le discours managérial et la réalité vécue par les collaborateurs en soulignant que « c'est ceux qui en parlent le plus qui en font le moins. »[5]

Mais, au-delà des discours trop optimistes et incantatoires sur la bienveillance, force est de reconnaître que cette crise a démontré et démontre encore beaucoup de bienveillance entre les acteurs : dirigeants, managers et salariés. À l'inverse, il faut le reconnaître, certaines entreprises ont été montrées du doigt pour leur manque de bienveillance.

---

3. Autissier, D., Peretti, JM. & Besseyre des Horts, CH. (coord.) : Changement de crise : les organisations à l'épreuve du Covid-19, MA Editions-Eska, Juillet 2020
4. Autry, J.: Profit and Love, The art of caring leadership, Avon Books, New York, 1992
5. Albouy, M. « *Le management bienveillant : c'est ceux qui en parlent le plus qui en font le moins* », The conversation, 15 décembre 2017
http://theconversation.com/le-management-bienveillant-cest-ceux-qui-en-parlent-le-plus-qui-en-font-le-moins-88914

On le voit bien, la bataille pour la bienveillance au travail n'est pas gagnée dans l'entreprise mais les managers peuvent s'appuyer sur les circonstances exceptionnelles de cette crise sanitaire pour en faire un vrai levier d'engagement. Une étude de Deloitte[6] en 2017 soulignait que la bienveillance au travail évoque principalement pour les répondants : le respect, le soutien et l'aide, l'attention, l'écoute et la compréhension, la protection, la reconnaissance.

En s'appuyant sur ces perceptions, il est possible de proposer trois idées pour favoriser l'appropriation d'une attitude bienveillante par les managers pour en faire un vrai levier d'engagement de l'ensemble des collaborateurs :

- renforcer la dimension "soft skills" dans l'évaluation des managers en privilégiant notamment le respect, l'aide et l'attention portée aux autres, l'écoute et la reconnaissance ;
- former les managers à la mise en œuvre d'une attitude bienveillante dans leurs relations au quotidien pour faire du vécu dans l'entreprise, et en télétravail, une expérience mémorable pour tous ;
- faire évoluer sensiblement les dispositifs de rétributions notamment financières en donnant plus de poids à la reconnaissance de la mise en œuvre d'une attitude bienveillante par les personnes.

Néanmoins, en cette période de crise, je ne peux que mettre en garde les entreprises face à l'une des dernières modes managériales s'apparentant au développement de la bienveillance au travail à savoir la création d'une fonction de *Chief Happiness Officer* qui semble être une illusion dangereuse[7] dans la plupart des entreprises et ceci pour trois raisons :

- le bonheur ne se décrète pas dans l'entreprise, tout au plus peut-on essayer de développer plus de bienveillance dans les attitudes et comportements de chacun ;
- la fonction même de *Chief Happiness Officer* est un non-sens car si le bonheur devait devenir une réalité dans l'entreprise, ce serait la

---

6. Deloitte : *Qualité de vie au travail, et la bienveillance*, étude juin 2017
7. Bouzou, N. & de Funès, J. : *La comédie (in)humaine*, L'observatoire, 2018

responsabilité de chacun à son niveau de trouver les moyens d'être heureux et rendre les autres heureux ;
- la création d'une telle fonction retire potentiellement aux managers l'une de leurs dimensions qui les rend uniques dans l'entreprise : la relation humaine. À charge pour eux de démontrer qu'ils ont la capacité de développer la bienveillance au travail sans avoir recours à un soi-disant spécialiste du bonheur dans l'entreprise !

Le rôle clé, la confiance face à l'incertitude

Le rôle des managers a été crucial au printemps 2020 pour maintenir et renforcer la confiance des collaborateurs vis-à-vis de leur entreprise, comme en témoigne le chiffre de 70 % des répondants, dans l'étude à suivre, qui déclarent avoir confiance dans leur organisation. Si la confiance est devenue le rempart principal dans l'entreprise face à l'incertitude, comment peut-on en faire un axe fort de la politique managériale ?

L'ouvrage « Le Management par la Confiance », que j'ai co-écrit avec Truong, de Geuser, Wiersch et Chavanne, apporte des réponses à cette question en tentant de faire le point sur cette question fondamentale de la confiance. Il propose une analyse, conduite avec une grande précision, de ce qui la justifie et aussi, hélas, de ce qui la détruit dans l'entreprise avant de suggérer 30 pistes d'actions possibles pour la renforcer et laisser la parole à 20 dirigeants sur leur expérience de la confiance. Pour les managers, faire confiance, c'est d'abord accepter d'être vulnérables mais aussi espérer ; inspirer confiance c'est faire une promesse. Cependant, faire confiance et inspirer confiance ne suffisent pas, car il manque un élément essentiel, la confiance en soi, qui constitue la fondation de ce fragile édifice. On le voit bien, la confiance ne s'improvise pas surtout dans un contexte de crise comme celui que nous connaissons actuellement. L'enjeu est de taille car le premier rôle de la confiance dans l'entreprise est de pouvoir faire face à l'ambiguïté, la complexité et l'incertitude.

Si la cause est entendue sur l'impérieuse nécessité de la confiance en ces temps troublés, pourquoi alors est-il parfois si difficile pour les managers de la créer et de la renforcer dans l'entreprise ? Certains facteurs sont inhibiteurs voire destructeurs de la confiance : entre autres, l'absence de raison d'être et de vision, le changement pour le changement, l'écart entre le discours et les actes, le sentiment d'incapacité et le manque de considération... La liste de ces freins est bien évidemment plus longue mais chaque contexte est différent, il revient alors aux managers de les identifier pour pouvoir agir afin de réduire leur impact voire les annihiler.

Parmi les leviers que l'on peut suggérer aux managers pour inspirer confiance, il ne faut pas être surpris par la place prépondérante accordée aux "soft skills" comme dans le cas de la bienveillance évoquée plus haut : être cohérent entre son discours et ses actes, être clair et prévisible, faire preuve d'humilité, être proche et transparent, être à l'écoute et montrer de la considération, être équitable et reconnaissant, et cette liste n'est évidemment pas limitative.

Authenticité et empathie : deux qualités cardinales pour les leaders d'aujourd'hui

À l'heure où s'achève l'année 2022, principalement marquée par la guerre en Ukraine aux conséquences multiples pour les entreprises et les individus, il est utile de s'interroger sur le type de leadership dont les entreprises auront besoin demain pour faire face aux incertitudes liées à la crise géopolitique, à la transition climatique voire au retour possible d'autres pandémies. Il n'y a évidemment pas une seule réponse possible à la question du type de leadership le plus adapté à un contexte de plus en plus imprévisible, mais on peut néanmoins identifier certaines qualités des leaders qui ont fait leurs preuves dans les périodes de fortes turbulences. Parmi ces qualités, deux émergent comme étant cardinales pour le renouvellement du leadership, abandonnant la posture haute traditionnelle pour être beaucoup plus au service des personnes et des équipes : l'authenticité et l'empathie.

La qualité de l'authenticité est de plus en plus reconnue comme étant cruciale pour les leaders face à des générations de collaborateurs, notamment les plus jeunes, qui n'acceptent plus les postures de dirigeants héritées du passé, le manque de cohérence entre les discours et les actes et la panne de sens au travail[8]. On ne naît pas leader, on le devient ! Et pour y parvenir, mieux vaut s'appuyer sur sa propre personnalité plutôt que de chercher à copier, imiter ou s'inspirer des autres. Cependant, si on se limitait à cette seule conception de l'authenticité, on pourrait affirmer que Elon Musk, le dirigeant qui vient de licencier plus de 50 % du personnel de l'entreprise Twitter qu'il a rachetée fin octobre 2022, est un leader authentique car il est conforme à sa personnalité et les actes suivent ses discours ! Ce n'est pas de cette authenticité dont il est question ici mais de celle où le leader fait preuve d'humilité : c'est en étant lui-même, en affirmant sa propre « voix », qu'il lui est possible de gagner la confiance de son équipe, de cultiver avec elle des liens étroits, de développer sa force de persuasion et de donner davantage de poids à ses interventions[9]. L'authenticité s'appuie sur la conscience de soi : lorsque le leader est capable d'observer ses comportements et de comprendre comment il fonctionne, d'accepter ses vulnérabilités, il est plus à même de s'entourer des bonnes personnes, de connaître ses limites[10].

Mais la force de l'authenticité ne peut devenir une réalité que si elle s'appuie sur une deuxième qualité qui semble indispensable pour les leaders : celle de l'empathie. Même si le Larousse définit l'empathie comme « la faculté intuitive de se mettre à la place d'autrui, de percevoir ce qu'il ressent », la qualité de l'empathie pour les leaders en entreprise se fonde sur quatre dimensions dont certaines sont liées à l'authenticité.

1. Valoriser l'autre : reconnaissance, écoute bienveillante, confiance, loyauté, curiosité... ;

---

8. *Truong, O. ; Jaidi, Y. ; Storch, O. & De Geuser, F. : Panne de sens : managers pour qui, pour quoi, comment ? Dunod, Octobre 2022*
9. *George, B. ; Sims, P. et Al : Leadership authentique, Havard Business Review, 2020*
10. *Boudreau, D. : « Le leadership authentique : diriger et inspirer en étant soi-même », Gestion HEC Montréal, 13 janvier 2022*

2. Offrir une mission pertinente et inspirante et l'opportunité d'en faire partie ;
3. Projeter de l'optimisme, de la confiance, obtenir des succès à court terme ;
4. Être authentique, humble et inspirant, travailler consciemment sur soi et partager ses expériences[11].

Le leadership empathique et collectif a fait l'objet d'un programme de développement des managers de Sodexo France[12] lancé en 2021 et qui s'est poursuivi en 2022 avec une extension prévue à l'international.

Des exemples de leaders ayant les qualités d'authenticité et d'empathie peuvent être identifiés à la tête d'entreprises ayant réussi des transformations majeures : par exemple, le dirigeant indien Vineet Nayar qui a piloté le retournement de HCL Technologies entre 2005 et 2013 ou Jean-Dominique Senard qui a été le principal sponsor de la démarche de responsabilisation chez Michelin jusqu'à sa nomination en tant que Président de Renault en mai 2019. Ces deux cas emblématiques montrent que l'authenticité et l'empathie constituent deux qualités cardinales que les entreprises, à l'instar de Sodexo, devraient renforcer chez les managers au moment où les "soft skills" deviennent si cruciales[13].

Sans avoir l'ambition d'être ici exhaustif, j'ai tenté d'esquisser certaines des caractéristiques du manager post-crise sanitaire qui émergent des études menées par Esprit de Service France et des observations de pratiques des entreprises durant cette période inédite. Seul l'avenir pourra nous confirmer si les compétences managériales de l'après-crise vont mettre progressivement l'accent vers plus de frugalité, plus de bienveillance, plus de confiance, plus d'authenticité et d'empathie en complément des scénarios proposés dans ce livre.

---

11. https://www.lesechos.fr/idees-debats/cercle/le-leadership-empathique-130095
12. Vincent M. & Besseyre des Horts, CH : « Le leadership empathique et collectif comme levier de performance et transformation : le cas de Sodexo France », Entreprise & Carrières, n°1555, du 20 au 26 décembre 2022, p.22.
13. Lamri, J. ; Barabel, M. ; Lubart, T. ; Meier, O. : Le défi des soft skills, Dunod, juin 2022

INTRODUCTION

INTRODUCTION

QUEL MANAGEMENT AVEC QUELS
MANAGERS DEMAIN ?

Nous avons choisi pour ce premier livre d'Esprit de Service France de voyager au cœur du management.

La décision de nous lancer dans cette aventure nous est apparue très vite comme une évidence et ce, dès le début de la crise sanitaire de 2020. Comme beaucoup, nous avons été surpris par l'inédit de la situation, sa soudaineté, sa violence souvent, avec les lourdes contraintes qu'elle engendrait pour nombre d'entre nous. Bien conscients du caractère irrémédiable des changements que ne manquerait pas de provoquer cette situation historique, nous avons voulu observer, mesurer, analyser… pour ainsi dire, témoigner de ce moment si particulier. Nous avons donc interrogé les membres d'Esprit de Service France sur leur vécu à la fois professionnel et personnel de la situation.

C'est bien là l'objet de notre première enquête : conscience environnementale, rapport au travail revisité, renouveau relationnel… Plusieurs thèmes ont clairement émergé de cet immense travail, et à travers ces thèmes, plusieurs tendances fortes. Parmi celles-ci, les attendus concernant le management ressortent avec une solide récurrence.

Cette crise a eu pour conséquence d'accélérer les mouvements de transitions, de transformations et de changements. Le rôle du manager n'échappe pas à cette logique. Quel management avec quels managers demain ? Tels ont été notre questionnement et le sujet de notre seconde enquête, complétant ainsi notre démarche en posant une prospective fondamentale. Comme le montre notre étude, le management classique, directif et autoritaire que l'on a parfois pu connaître n'est plus de mise.

Pour ces travaux, Esprit de Service France s'est associé avec Aline Scouarnec. Professeure agrégée des Universités à l'Université Caen Normandie, Aline Scouarnec travaille depuis vingt ans dans la prospective appliquée aux organisations. Elle a notamment développé une méthodologie d'investigation de prospective des métiers et conduit de nombreuses missions sur ce thème en entreprise.

Le Lab Prospective Esprit de Service France se présente comme un véritable écosystème de pensées enrichi en fusionnant la matière théorique avec la matière « pratrico-pratique » de notre association. Plate-forme et lieu de rencontres, le Lab Prospective a été créé en septembre 2020 pour favoriser l'échange entre praticiens et chercheurs, entre les organisations membres d'Esprit de Service France et les acteurs représentant le monde académique et scientifique qui, à travers leurs mots et leurs approches, livrent un regard renouvelé et novateur sur l'époque que nous vivons et ses enjeux.

Le traitement des données a été réalisé grâce aux technologies développées par la société talk[4] (*talk4.pro*). La plateforme talk[4] est un catalyseur d'intelligence collective de toutes les parties prenantes. C'est une plateforme tout en un, en mode SaaS, pour interroger, collecter, traiter et analyser les contributions en langage naturel. Elle offre aux organisations, en toute autonomie, la capacité de réussir les différentes étapes d'une démarche de consultation à grande échelle.

Quel manager demain ? Quels business models ? Quelles relations au sein de l'entreprise ? Quels défis ? Les analyses, les différents scénarios issus des focus groupe nous font comprendre à quel point nous sommes aujourd'hui à un moment charnière. Grâce à cette approche documentée et aux enseignements de nos enquêtes, cette étude est bien plus qu'une simple étude statistique. C'est une véritable source d'inspiration et de projection de ce qui se présente à nous et de ce que nous voulons faire de « Demain ».

C'est d'autant plus vrai, au regard de la dernière révolution ChatGPT, le nouveau prototype d'agent conversationnel lancé en novembre 2022 utilisant l'intelligence artificielle développé par OpenAI et spécialisé dans le dialogue. À une question sur le rôle du manager de demain, ChatGPT répond :

« L'émergence de l'IA et d'autres technologies aura assurément un impact important sur le rôle du manager. Bien que certaines tâches puissent être automatisées, ces technologies sont également susceptibles de créer de nouvelles opportunités pour les managers d'ajouter de la valeur à leurs organisations. Le rôle du manager évoluera vraisemblablement à mesure que ces technologies se perfectionneront, mais il est peu probable toutefois qu'il disparaisse entièrement. »

Nous vivons une période de grande transition impactée par des bouleversements numériques, sociaux, sociétaux et environnementaux et par différentes crises où notre raison d'être et notre ADN Esprit de Service France (basés sur la co-construction, l'échange, l'inspiration et la transformation) ont plus que jamais un rôle impératif à jouer.

Nous voulons ici remercier tout spécialement l'ensemble de nos contributeurs pour leurs précieux apports. Charles-Henri Besseyres des Horts, bien connu des membres d'Esprit de Service France pour ses multiples contributions, signe ici une préface qui souligne l'importance que nous avons de rétablir la confiance dans cette période d'incertitude. Thibaud Brière, Franck Brillet, Nandini Colin, Serge Derik, Céline Forest ou bien encore Patrice Guézou apportent leurs regards d'experts, qu'ils soient tous remerciés ici. Leurs visions contribuent largement à la richesse de ce livre.

L'ÉTUDE

Dans le monde actuel, comme le précisait Edgar Morin en 2020, « les carences politiques, économiques, sociales révélées par la pandémie, ainsi que les grands dangers de régression qu'elle a pu augmenter, rendent indispensable une nouvelle voie ». C'est avec cette motivation de construire des pistes nouvelles pour manager nos organisations, qu'elles soient privées ou publiques, de petite, moyenne ou grande taille et de tous secteurs d'activités confondus, que nous avons lancé deux enquêtes en 2020. Une première visant à faire un point d'étape à date des impacts de la crise sanitaire sur le travail en général et une seconde entre mai et novembre sur le manager de demain.

Dans cette étude, nous parlons du manager en général, sans faire de distinction sur le genre du manager ni sur le niveau hiérarchique. Dans les scénarios prospectifs, nous proposons une distinction entre le manager de proximité, le manager intermédiaire et le manager dirigeant.

ENQUÊTE 1
LE MONDE D'APRÈS, C'EST AUJOURD'HUI

L'expérience inédite de la pandémie a conduit notre association Esprit de Service France à concevoir et à réaliser une enquête en ligne, du 28 avril au 17 mai 2020, construite avec nos membres, les experts de talk[4] et Aline Scouarnec.

Les objectifs de cette enquête étaient de :
- mesurer les impacts de la crise sanitaire sur les services en croisant les perceptions personnelles et professionnelles ;
- construire des solutions innovantes pour demain ;
- partager les résultats pour aider les entreprises à trouver des solutions ;
- préparer les organisations et les collaborateurs au développement d'un esprit de service renouvelé.

Le questionnaire était structuré en cinq parties combinant des questions fermées (échelles de Likert[1]) et surtout des questions ouvertes dont le traitement a été réalisé avec une grande finesse grâce à une analyse sémantique inédite rendue possible par l'intelligence artificielle spécifique développée par talk[4].

Au total 538 participants ont répondu dont 80 % ont terminé le questionnaire. 32 questions fermées et 12 questions ouvertes ont généré 5 813 contributions, 6 945 idées et 535 groupes sémantiques, ce qui témoigne d'un fort engagement des répondants. On note une diversité des réponses due à la variété des contextes et surtout, une dualité dans les réponses.

---

1. Échelle de Likert : outil psychométrique, du nom du psychologue américain qui l'a développé, Rensis Likert

Répondants	%
Entrepreneurs	18 %
Managers	44 %
Collaborateurs	38 %

Secteurs	%
Tourisme/Culture	8 %
Vente/Commerce	5 %
Banque/Assurance/Mutuelle	22 %
Communication/Média	4 %
Transport/Logistique	7 %
Énergie	12 %
Informatique/Télécoms	2 %
Sport	3 %
Consulting	12 %
Enseignement/Recherches	4 %
Secteur public	5 %
Autres	16 %

ENQUÊTE 2
LE MONDE DE DEMAIN, C'EST MANAGER AUTREMENT

En complément de l'enquête sur les leçons de la crise sanitaire, une seconde étude a été lancée dont l'objectif principal était de dessiner le champ des possibles du management de demain afin de permettre aux entreprises membres et à leurs collaborateurs de favoriser un management renouvelé, intégrant cette vision de l'esprit de service partagée au sein de notre association. Inspirée par notre philosophie de regards croisés entre les perceptions personnelles et professionnelles, nous souhaitions proposer des solutions innovantes pour demain.

L'enquête a été construite en plusieurs étapes, et ce afin de respecter la méthode PM (Prospective des Métiers de Luc Boyer et Aline Scouarnec).

– Étape 1 : Étude documentaire sur le manager de demain à partir des ressources académiques et de rapports et/ou d'études professionnelles.

– Étape 2 : Entretiens d'experts entre mai et juillet 2020 (25 personnes interrogées de secteurs d'activité et de positions hiérarchiques différents).

– Étape 3 : Enquête en ligne du 3 au 14 septembre 2020, (119 répondants) qui a été construite avec les membres d'ESF, les experts talk[4] et Aline Scouarnec. Le questionnaire était structuré en cinq parties combinant des questions fermées (échelles de Likert) et surtout des questions ouvertes.

– Étape 4 : Focus Groupe le 2 octobre en face-à-face et à distance avec 20 personnes afin de dessiner les scénarios et les pistes d'accompagnement des managers de demain et le 14 octobre avec 26 étudiants en alternance en Master 1 RH à l'IAE Caen.

– Étape 5 : Consolidation des données et rédaction du rapport en intégrant quelques témoignages de grands experts.

– Étape 6 : Présentation des résultats.

Au total 119 participants ont répondu dont 85 % ont terminé le questionnaire. 40 questions fermées et 5 questions ouvertes ont généré 1 264 contributions et 1 531 idées qui témoignent de l'engagement des répondants.

Fonction	%
Managers	69 %
Collaborateurs	31 %

Genre	%
Femmes	60 %
Hommes	40 %

Taille de l'organisation	%
Moins de 10 personnes	20 %
Entre 11 et 50 personnes	5 %
Entre 51 et 250 personnes	8 %
Entre 251 et 500 personnes	6 %
Entre 501 et 2 000 personnes	13 %
Plus de 2 000 personnes	48 %

Secteur	%
Public	21 %
Privé	74 %
Associatif	5 %

Secteur	%
Industrie	10 %
Service	84 %
Autre	6 %

Ainsi, les idées clés issues des résultats de l'enquête auprès des acteurs interrogés et des sources documentaires mobilisées démontrent-elles la nécessité de repenser le management d'une façon générale. Cette nécessité, dont tout le monde parle à bas bruit encore trop souvent, freine le développement de notre compétitivité, de nos organisations et de l'ensemble des personnes qui les composent. Cette réflexion est en cohérence et en continuité avec la philosophie d'Esprit de Service France de développer un esprit de service renouvelé et de favoriser de nouvelles voies en management.

Il est donc temps de revoir, repenser, re-dessiner, réinventer nos pratiques managériales. Pour façonner, au sens de l'artisan qui façonne «la belle œuvre», les nouvelles postures et pratiques managériales, nous proposons différents scénarios.

Le déploiement de la méthodologie de prospective des métiers a permis de mettre en évidence, dans un premier temps, les transformations de l'écosystème, puis leurs impacts sur les managers.

Dans un deuxième temps, cette réinvention des managers de demain autour de la mise en évidence de trois mondes et neuf scénarios possibles est présentée. Seront abordées ensuite les implications opérationnelles à trois niveaux : en matière de formation initiale et continue, en matière de pratiques RH, enfin en matière de politiques managériales et de visions des directions générales.

Nous vous proposons pour terminer quelques visions d'experts venant enrichir certains aspects de nos études.

Nous profitons de cette occasion pour remercier l'ensemble des contributeurs directs et indirects à ces deux enquêtes et à ceux qui ont bien voulu, en particulier, témoigner.

PARTIE 1
UNE TRANSFORMATION DE L'ÉCOSYSTÈME

Les transformations des contextes d'affaires, le développement continu de technologies innovantes, les attentes renouvelées des clients, des collaborateurs et de l'ensemble des parties prenantes ont un impact sur les pratiques managériales et le rôle des managers, tous niveaux confondus.

Le monde serait ainsi de plus en plus Volatil, Incertain, Complexe et Ambigu (VUCA : Volatility, Uncertainity, Complexity, Ambiguity). La crise sanitaire a confirmé, s'il en était besoin, ces quatre caractéristiques, qui étaient certes déjà présentes mais que nous ne voulions pas toujours voir et/ou accepter. De toute évidence, le manager de demain aura à s'approprier une nouvelle grille de lecture des transformations en cours.

Nos travaux prospectifs ont permis de mettre en évidence une grille d'analyse plus fine de cet écosystème autour de huit dimensions :

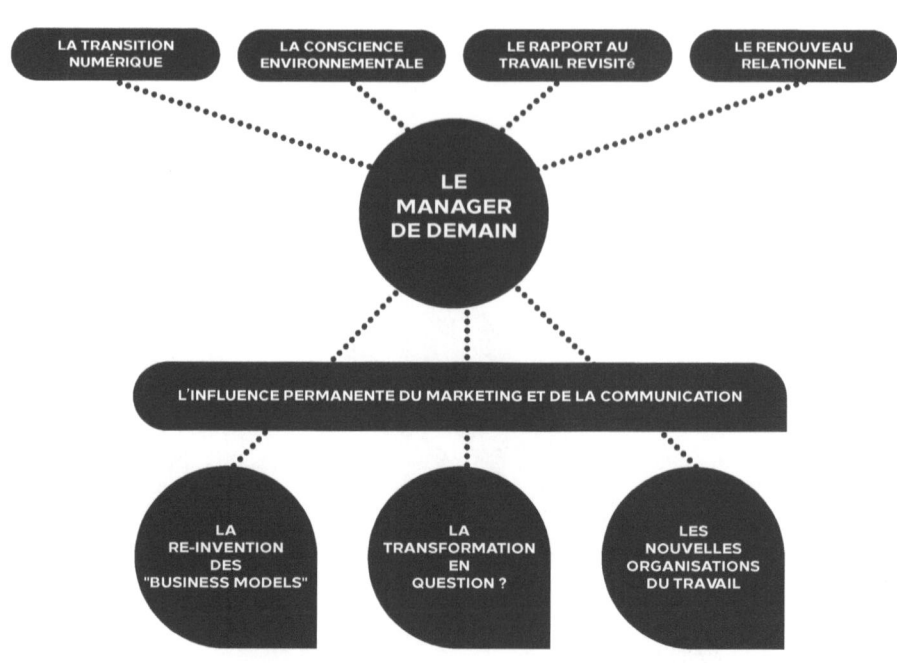

LA TRANSITION **NUMÉRIQUE**

Comme le montre notre enquête, 92 % des répondants considèrent que le numérique change notre rapport au travail et 62 % pensent que les fractures numériques peuvent affecter la cohésion d'équipe. Il serait donc nécessaire dans chacun des métiers de faire de la veille sur toutes les innovations numériques actuelles et à venir mais surtout d'accompagner la montée en compétences digitales des collaborateurs.

L'évaluation de la maturité digitale des équipes devient une des préoccupations des managers. Il faut également être attentif aux impacts de la transition numérique sur les personnes qui vont se trouver de plus en plus assistées et qui, de ce fait, pourraient développer moins d'esprit critique et de capacité d'analyse.

Il conviendra à l'avenir d'être plus en veille sur la transformation des métiers et des compétences attendues au regard de cette transition numérique sans fin. Avec les équipes RH, le manager de demain devra être au cœur de toutes ces transformations et savoir les accompagner au plus près du terrain. Un manager veilleur numérique, accompagnateur digital et développeur de compétences : tout un programme !

LE NUMÉRIQUE CHANGE NOTRE RAPPORT AU TRAVAIL

PAS DU TOUT D'ACCORD	1 %
PLUTÔT PAS D'ACCORD	3 %
NI D'ACCORD NI PAS D'ACCORD	4 %
PLUTÔT D'ACCORD	45 %
TOUT À FAIT D'ACCORD	47 %

LES FRACTURES NUMÉRIQUES AFFECTENT LA COHÉSION D'ÉQUIPE

PAS DU TOUT D'ACCORD	1 %
PLUTÔT PAS D'ACCORD	17 %
NI D'ACCORD NI PAS D'ACCORD	20 %
PLUTÔT D'ACCORD	52 %
TOUT À FAIT D'ACCORD	10 %

Ressources intéressantes

- Le portail de la transformation numérique des entreprises : https://www.francenum.gouv.fr/comprendre-le-numerique/transformation-numerique-des-entreprises-les-etudes-retenir

- L'interview de Philippe Ensarguet, CTO d'Orange Business Service, dans Usine Nouvelle de juillet 2020 : https://www.usinenouvelle.com/article/avis-d-expert-covid-19-et-transformation-numerique-effet-crise-ou-impact-durable.N981351

LA CONSCIENCE
ENVIRONNEMENTALE

Nos résultats montrent timidement que la crise sanitaire pourrait être un accélérateur de la transition écologique (la moitié des répondant était d'accord avec cette affirmation). En revanche, la sensibilisation du collaborateur aux enjeux écologiques et la nécessaire valorisation par le manager des enjeux de RSE (Responsabilité Sociale et Environnementale) semblent bien confirmées.

La prise de conscience par les managers des enjeux du développement durable et l'adaptation des pratiques managériales aux questions de responsabilité sociale seront de plus en plus déterminantes demain. L'écologie de l'action sera ainsi au cœur de la posture du manager demain. Un management plus citoyen, éthique, humaniste, ouvert sur le monde (espaces physiques et numériques) et sur les autres : de belles perspectives pour l'avenir !

Un manager à l'engagement citoyen : une piste à creuser pour repenser toutes les innovations sociales et business.

LA CRISE SANITAIRE SERA UN ACCÉLÉRATEUR DE LA TRANSITION ÉCOLOGIQUE

PAS DU TOUT D'ACCORD	3 %
PLUTÔT PAS D'ACCORD	12 %
NI D'ACCORD NI PAS D'ACCORD	25 %
PLUTÔT D'ACCORD	34 %
TOUT À FAIT D'ACCORD	26 %

LE COLLABORATEUR DE DEMAIN EST SENSIBILISÉ AUX ENJEUX ÉCOLOGIQUES

PAS DU TOUT D'ACCORD	0 %
PLUTÔT PAS D'ACCORD	3 %
NI D'ACCORD NI PAS D'ACCORD	7 %
PLUTÔT D'ACCORD	48 %
TOUT À FAIT D'ACCORD	42 %

LE MANAGER DE DEMAIN VALORISE LES ENJEUX DE RESPONSABILITÉ SOCIALE ET ENVIRONNEMENTALE

PAS DU TOUT D'ACCORD	1 %
PLUTÔT PAS D'ACCORD	3 %
NI D'ACCORD NI PAS D'ACCORD	16 %
PLUTÔT D'ACCORD	39 %
TOUT À FAIT D'ACCORD	41 %

Ressources intéressantes

- En 2013 déjà, Catherine Dartiguepeyrou interrogeait notre conscience écologique dans son article prospectif « *Où en sommes-nous de notre conscience écologique ?* » : https://www.cairn.info/revue-vraiment-durable-2013-2-page-15.htm

- Le rapport de l'Institut de l'entreprise montre que la crise sanitaire a révélé une forte attente citoyenne vis-à-vis des entreprises en termes de responsabilité sociale et environnementale (RSE), qu'il s'agisse de leur mobilisation dans la lutte contre l'épidémie ou d'actions menées vis-à-vis des salariés, clients et fournisseurs : https://www.institut-entreprise.fr/actualites/pwc-il-est-possible-daller-beaucoup-plus-loin-en-travail-distant-que-ce-que-nous-avions

Frédéric Petitbon, Associé chez PwC, confirme dans ce rapport : « une chose s'impose d'ores et déjà clairement : la dimension humaine va prendre une place plus centrale que jamais dans les entreprises, tout comme les questions de RSE et de développement durable ».

LE RAPPORT AU TRAVAIL **REVISITÉ**

Lors de l'enquête sur le monde d'après, les résultats à la question « j'ai pensé avant tout à mes proches, ma famille » sont clairs : 83 % des répondants sont d'accord.

J'AI PENSÉ AVANT TOUT, À MA FAMILLE ET MES PROCHES

PAS DU TOUT D'ACCORD	1 %
PLUTÔT PAS D'ACCORD	3 %
NI D'ACCORD NI PAS D'ACCORD	13 %
PLUTÔT D'ACCORD	29 %
TOUT À FAIT D'ACCORD	54 %

Dans l'enquête sur le manager de demain, les résultats des trois questions liées au sens au travail, au développement personnel et à l'équilibre vie professionnelle/vie privée sont également significatifs.

À 94 %, le manager devra veiller à l'équilibre vie professionnelle/vie privée de ses équipes, il aura également à accompagner le développement personnel de ses collaborateurs, selon 83 % des personnes et il devra donner du sens au travail de ses équipes pour 95 % des répondants.

L'ÉQUILIBRE VIE PRO-VIE PERSO PRIME POUR LE COLLABORATEUR DE DEMAIN

PAS DU TOUT D'ACCORD	0 %
PLUTÔT PAS D'ACCORD	0 %
NI D'ACCORD NI PAS D'ACCORD	6 %
PLUTÔT D'ACCORD	41 %
TOUT À FAIT D'ACCORD	53 %

LE MANAGER DE DEMAIN ACCOMPAGNE LE DÉVELOPPEMENT PERSONNEL DE SES COLLABORATEURS

PAS DU TOUT D'ACCORD	1 %
PLUTÔT PAS D'ACCORD	6 %
NI D'ACCORD NI PAS D'ACCORD	10 %
PLUTÔT D'ACCORD	38 %
TOUT À FAIT D'ACCORD	45 %

LE MANAGER DE DEMAIN DONNE DU SENS AU TRAVAIL DE SES ÉQUIPES

PAS DU TOUT D'ACCORD	1 %
PLUTÔT PAS D'ACCORD	1 %
NI D'ACCORD NI PAS D'ACCORD	3 %
PLUTÔT D'ACCORD	21 %
TOUT À FAIT D'ACCORD	74 %

La crise sanitaire a remis en cause nos certitudes et les repères de notre société, le sentiment d'utilité et l'équilibre entre la vie professionnelle et personnelle. Le sentiment de perte de sens au travail est une menace potentielle et le rôle du manager sera à ce niveau de plus en plus important pour créer à la fois de nouveaux repères et redonner du sens au travail et dans le travail.

Les échanges avec les participants ont mis en évidence les besoins de veiller :
- au sens au travail,
- aux nouveaux équilibres de la valeur travail,
- à l'équilibre performance/contribution,

« On attend de nouvelles formes de reconnaissances, on en a marre des KPI d'hier. »

« Donner de la valeur aux choses les plus essentielles de la vie : l'équilibre vie privé/vie professionnelle, la santé et le bien-être »

- au rapport entre le manager et le collaborateur,

« *Le lien et la proximité avec notre manager est importante, on ne veut plus du "command and control".* »

- au rapport temps/espace.

« *On a vu les bénéfices du "Home Office" au vert.* »

« *On a besoin de développer plus de transversalité.* »

« *J'ai passé plus de temps à prioriser mes tâches professionnelles pour consacrer plus de temps à ma vie personnelle et familiale.* »

« *Recentrage sur l'essentiel, sa santé physique et mentale, optimisation du temps perso/pro.* »

Le sens du travail

Dans ce contexte, la question du sens du travail, de la valeur travail et du travail en général se pose plus frontalement. L'Institut de l'entreprise mettait en évidence en mai 2020 que : « Partout, le sens du travail est soudain perçu comme plus existentiel ».

Dans les entretiens que nous avons réalisés, cette mutation du rapport au travail est apparue régulièrement.

« *Le rapport au travail change, les attendus changent. On attend plus que son salaire, on attend autre chose, plus de reconnaissance, d'occasions d'apprendre et de nouer des liens sociaux.* » Et en même temps : « *La vie, ce n'est pas que le travail.* »

Autrement dit, on voit bien que le lien historique au travail issu des 30 glorieuses s'efface au bénéfice d'une relation au travail à la fois plus intense (liée à la construction de soi, de sa trajectoire professionnelle) et plus distante (la vie ne s'arrête pas au travail).

Comme le précise Élodie Chevallier[1] de l'Université de Sherbrooke : « la crise sanitaire actuelle et les remises en causes qui l'accompagnant (concernant notre modèle de société, la place que nous accordons au travail, nos modes de consommation mondialisés) entraînent une prise

---

1. https://theconversation.com/la-crise-de-la-covid-19-remet-en-question-le-sens-que-lon-donne-a-son-travail-136895

de conscience à la fois collective et individuelle assez forte pour amener chacun à se questionner quant au sens à donner à la vie et au travail. »

D'un point de vue collectif, la période que nous vivons invite à se questionner à propos d'un marché du travail hautement compartimenté et hiérarchisé. Des métiers hier encore peu valorisés passent à l'avant-scène. On prend conscience de l'absolue nécessité du personnel soignant, des caissiers, des éboueurs, des agriculteurs, des boulangers...

D'un point de vue individuel, la pandémie et les habitudes de vie prises durant le confinement (télétravail, recentrage sur la cellule familiale) questionnent la priorisation de nos valeurs et conduisent à remettre en cause des certitudes : Est-ce que je n'accorde pas trop de place à mon travail ? Est-ce que mon activité est vraiment utile à la société ? Quel est son sens ?

Estelle Morin[2], dans ses recherches, a identifié six caractéristiques permettant à un travail de générer du sens :

1. Le sentiment d'utilité qu'il procure,
2. L'intérêt pour les activités réalisées,
3. Lorsque les règles de morale et de déontologie sont respectées,
4. Lorsque les relations humaines sont satisfaisantes,
5. Lorsque le travail assure une autonomie financière,
6. Lorsqu'un équilibre de vie personnelle et professionnelle est possible.

Un équilibre entre ces six caractéristiques permet de considérer son travail comme générateur de sens. Cependant, une fois atteint, cet équilibre n'est pas immuable. Il est susceptible d'être perturbé par des changements internes (évolutions de nos propres valeurs) ou externes (changement organisationnel).

---

2. *https://www.irsst.qc.ca/media/documents/PubIRSST/R-543.pdf Sens du travail, santé mentale et engagement organisationnel, rapport de l'IRST, 2008*

Les différences générationnelles

Ce rapport au travail revisité est à mettre en perspective avec les différentes générations qui se côtoient au travail. Même si les conclusions hâtives sur les différences générationnelles sont à prendre avec beaucoup de discernement.

En effet, comme le précisait déjà en 2009 Pralong, il peut y avoir plus de variations à l'intérieur même d'une génération qu'entre les différentes générations. Et Giancola en 2006 de dire que le conflit entre les générations serait parfois plus un mythe qu'une réalité.

– La génération X désigne les Occidentaux nés entre 1961 (parfois 1966) et 1981. En raison de l'ancienneté, c'est celle qui tient aujourd'hui les manettes de l'entreprise et du monde du travail en général. Cette génération est décrite comme respectueuse des règles et de la hiérarchie et se montre fidèle à l'entreprise qui l'emploie (les individus ne connaissent que quelques entreprises dans leur carrière). Et cela même si elle n'aime pas toujours le travail qu'elle fait.

– La génération Y regroupe les individus nés entre 1981 et 1995 présentant des traits de caractère très affirmés. Pour eux, travail doit rimer avant tout avec plaisir et épanouissement. Pas de routine, des activités stimulantes ! Les « Y » veulent tout faire plus vite et réclament plus de responsabilités : les articles et études sur cette génération soulignent une impatience et un rejet de la hiérarchie.

– Nés après 1996, les « Z » entrent actuellement dans le monde du travail. Leur particularité ? Ils sont nés avec des technologies matures. Cette génération est d'ailleurs surnommée « génération du pouce » en référence à l'usage ininterrompu du smartphone. Elle se caractérise par un manque de concentration lié à l'usage des réseaux sociaux (contenus courts et éphémères) et « google » dès qu'elle se pose une question ou fait face à un problème.

Nous retiendrons donc que les résultats de notre étude mettent en avant des attentes renouvelées surtout sur le sens du travail et au travail, tel qu'évoqué par les générations dites Y.

En effet, la génération Y semble privilégier les valeurs « d'ouverture au changement » et « d'altruisme » en opposition à l'attitude « conservatrice » et au « développement personnel ». La génération X et celle des « baby-boomers » semblaient pour leurs parts beaucoup plus attachées à la recherche du pouvoir, l'accomplissement personnel et au respect du *statu quo*. La recherche de sens et d'épanouissement au travail sembleraient représenter un consensus pour les auteurs qui décrivent la nouvelle génération.

Au-delà des différences générationnelles, ce sont des attentes liées à la postmodernité qui sont mises en avant dans notre étude, au sens maffesolien du terme : hédonisme, plaisir, horizontalité, communauté, etc.

LE RENOUVEAU **RELATIONNEL**

Dans notre enquête, 98% des répondants confirment ces mutations de la société et leur nécessaire prise en compte par le manager. Le développement des relations interpersonnelles, selon nos résultats, reste cependant un sujet d'actualité. Le manager de demain, à l'image de la pensée de Vineet Nayar, rendra possible ce qui peut paraître impossible et à mettre au premier plan son équipe : « les salariés d'abord ! ». Le recentrage sur la relation de travail et au travail deviendra central, surtout dans les contextes anxiogènes actuels et à venir.

En effet, nous pouvons illustrer ce point par les verbatims suivants.

- Un recentrage sur la relation :

« Et chose intéressante, les mails démarrent souvent par "J'espère que tout va bien pour toi et tes proches". C'est tout à fait nouveau. »

« De nombreuses illustrations en témoignent, point apéro vidéo entre collègues, échanges professionnels plus "sincères", intrusion d'une part d'intime dans les échanges (émotions), manifestation de solidarité dans la sphère publique, etc. »

- Des relations plus fréquentes en présentiel et surtout à distance, le télétravail a révélé le besoin de contacts/échanges plus réguliers :

« prendre son téléphone pour avoir une réponse et des échanges plutôt qu'un e-mail. »

- De nouvelles solidarités :

« Solidarité entre collaborateurs, équipes, filiales pour partager des pratiques, trouver des solutions ».

- Des managers plus bienveillants :

« Plus de présence auprès des collaborateurs, plus de bienveillance de la part de certains managers. Et beaucoup d'attention aux autres. »

« J'ai trouvé peu d'innovations sur ce plan-là. J'aurais aimé que les dirigeants soient un peu plus tournés vers les Hommes plutôt que sur les plans financiers. »

- Un impact sur les métiers dits « de la relation » :
« De nouveaux métiers ou des compétences à revaloriser dans tous ces métiers où l'essentiel est lié à la relation commerciale, de soin, d'éducation, etc. »

DANS SON ACTION AU QUOTIDIEN, LE MANAGER DE DEMAIN EST CONFRONTÉ AUX MUTATIONS DE LA SOCIÉTÉ

PAS DU TOUT D'ACCORD	0 %
PLUTÔT PAS D'ACCORD	0 %
NI D'ACCORD NI PAS D'ACCORD	2 %
PLUTÔT D'ACCORD	40 %
TOUT À FAIT D'ACCORD	58 %

EN ÉLOIGNANT LES COLLABORATEURS ET LES MANAGERS, LE CONFINEMENT A CRÉÉ UN MANQUE RELATIONNEL

PAS DU TOUT D'ACCORD	8 %
PLUTÔT PAS D'ACCORD	16 %
NI D'ACCORD NI PAS D'ACCORD	18 %
PLUTÔT D'ACCORD	39 %
TOUT À FAIT D'ACCORD	19 %

LA CRISE A RENFORCÉ LES RELATIONS INTERPERSONNELLES

PAS DU TOUT D'ACCORD	2 %
PLUTÔT PAS D'ACCORD	13 %
NI D'ACCORD NI PAS D'ACCORD	41 %
PLUTÔT D'ACCORD	31 %
TOUT À FAIT D'ACCORD	13 %

En septembre 2020 un article du journal Le Monde titrait : « Le manager doit être plus que jamais un artiste de la relation », en faisant référence à une enquête de juin 2020 de BCG pour l'ANDRH intitulée « Covid : le futur du travail vu par les DRH ».

Il y aurait ainsi, après une période marquée par la pression financière, la recherche absolue de résultats, etc., l'émergence de signaux faibles laissant penser que la rationalisation à outrance et la déshumanisation des relations professionnelles ne sont plus adaptées pour développer les organisations de demain. Il y a encore quelques années, nous étions dans cette logique du « tout financier ». Aujourd'hui, quelques signaux nous laissent penser que le financier a certes toujours son importance, mais qu'il est de plus en plus contrebalancé par une recherche d'humanisme. On peut espérer que dans un tel contexte, l'humain retrouverait un peu plus sa place.

Quelques exemples :
- des grands patrons qui décident de ne pas gagner plus que 5 fois le salaire de base ;
- des personnes qui décident de changer de vie pour gagner moins financièrement mais pour avoir une meilleure qualité de vie ;
- des jeunes qui ont plus envie de travailler dans des entreprises petites et moyennes et de participer à des projets innovants que de rentrer dans de grands groupes pour gagner plus ;
- etc.

Ces signaux mettent en évidence le besoin de repenser les pratiques managériales pour être plus à l'écoute des attentes internes du personnel et co-construire avec eux des solutions adaptées à chaque contexte.

Dans un monde de plus en plus complexe et incertain, chacun tend à se recentrer sur soi et son plaisir et ce seul ou dans des communautés choisies : ses amis sur les réseaux sociaux, ses communautés liées à ses hobbies par exemple. Dans la sphère du travail, cela signifie que le plaisir au travail réapparaît et les communautés métiers, les communautés d'apprentissage, de pratiques, sont à valoriser. François Silva développe que l'Intelligence Relationnelle est la volonté de se comprendre et de comprendre l'Autre (ses émotions et sa carte mentale) dans le but de fluidifier les liens créés afin de faire émerger, très souvent, une intelligence collective.

L'intelligence relationnelle nécessite deux conditions interdépendantes :
- un apprentissage et un désapprentissage permanents des postures de chacun en fonction des situations (ce qui implique des cycles de construction /déconstruction) ;
- un décentrement de son ego en faveur d'un recentrement sur la relation.

Le point de vue de Vineet Nayar

Lors de la treizième convention Esprit de Service France, Vineet Nayar a donné une conférence intitulée « L'humain au cœur de la transformation ».

Auteur du Best seller « Employees first, customers second » (Harvard Business Review Press 2010), Vineet Nayar est l'ancien CEO de HCL Technologies et co-président fondateur, avec son épouse, de la fondation SAMPARK.

Petite anecdote : Vineet Nayar a profité de son passage à Paris pour visiter notre emblématique Tour Eiffel. De son excursion, nous a-t-il livré, il retenait la « culture unique » qui anime les équipes sur place ; une atmosphère particulière, une passion et un enthousiasme de ces hommes et de ces femmes qui lui ont fait découvrir le monument « d'une façon différente. »

« Ce n'est pas simplement une magnifique structure en acier, c'est vraiment l'interaction entre les employés qui crée l'atmosphère. »

Cette anecdote introduit et illustre bien le message fort de l'intervention de notre invité : la prépondérance de l'Humain dans la réussite de toutes entreprises, organisations, de toutes démarches. Et si cette réussite était la résultante d'une démarche que nous pourrions tous entreprendre, à la portée de tous ? Et s'il suffisait pour cela de le décider, en se transformant, en évoluant ?

Comme à son habitude, V. Nayar aime illustrer ses propos par de « petites histoires » lourdes de sens.

La première nous narre les échanges d'un groupe de fourmis dans une pièce. Que voudraient-elles faire plus tard ? Quelles seraient leurs aspirations ?

L'une s'imagine athlète de haut niveau, l'autre, un grand chef étoilé... La dernière se désintéresse manifestement de la conversation et rit sans participer aux échanges. Les autres l'interpellent « Pourquoi ne participes-tu pas ? Pourquoi rire ? C'est un sujet sérieux ! » Celle-ci répond simplement : « Moi, plus tard, je voudrais être un papillon ! »

Et d'ajouter : « C'est le jour où l'on décide de ne plus être une fourmi que commence le chemin pour devenir un papillon », pour en venir au fait de son intervention : « Je voudrais vous inspirer afin que vous regardiez votre vie avec attention ; faire de même avec vos entreprises, vos organisations et se poser la question : pourquoi ne suis-je pas un papillon ? »

Cet entretien a été mené par Charles Henri Besseyre des Horts. À retrouver sur : https://espritdeservicefrance.fr/13supe-supconvention-esprit-de-service-france-table-ronde/

PARTIE 2

LES IMPACTS SUR
LES ORGANISATIONS

PARTIE 2

LES IMPACTS SUR LES ORGANISATIONS

L'INFLUENCE PERMANENTE DE LA COMMUNICATION ET DU MARKETING

Les échanges issus du Focus Groupe ont fait éclore des paroles qui illustrent bien la trop grande influence de la communication et du marketing :

« Les dirigeants valorisent trop leur "marketing de soi" au détriment de la mise en œuvre des grands projets, ils jouent leur carte perso. »

« Trop de jeu politique, de jeu d'acteurs de la part des dirigeants. »

« Trop de storytelling management dans la vie des affaires. »

« La multiplicité de sources d'information, réseaux sociaux, etc. tue l'information. »

Le manager de demain devra développer des compétences en communication et bien connaître l'ensemble des médias, réseaux internes et externes permettant de valoriser sa contribution et celle de l'équipe et ce, en évitant les approches de valorisation personnelle exagérée et intéressée.

L'infobésité

Déjà en 2014, Caroline Sauvajol-Rialland précisait[1] « risques de saturation, de désinformation, de baisse de productivité, de stress et de burn-out : le coût financier et humain de l'infobésité est patent. L'entreprise peut néanmoins lutter contre ce phénomène en structurant l'activité information et en la considérant comme stratégique. Avec des solutions techniques, mais aussi et surtout méthodologiques tels

---

1. Infobésité, gros risques et vrais remèdes, Caroline Sauvajol-Rialland, L'Expansion Management Review 2014/1 (N° 152), p 110 à 118

le knowledge management et la gouvernance de l'information. Et en développant la culture de l'information et du travail collectif...

Les risques engendrés par l'infobésité pour les entreprises portent sur la qualité du processus décisionnel, sur la productivité et sur l'innovation. À ces risques doivent être ajoutés ceux qui pèsent directement sur les collaborateurs, les risques psychosociaux. »

Le manager de demain sera donc un régulateur de l'information. Les nouvelles pratiques managériales et les nouveaux outils (autres peut-être que le mail) sont déjà des pistes à creuser ! Avec cette tendance, c'est également un manager authentique qui sera de plus en plus attendu demain.

Le modèle de l'hypocrisie organisationnelle de Brunsson

Professeur en analyse des organisations et en management public à la Stockholm School of Economics, Nils Brunsson[2] est l'auteur de nombreux travaux et ouvrages sur la place de l'irrationalité dans certaines organisations. L'analyse de Brunsson, qui s'appuie sur de nombreux cas d'observation, repose sur les raisons et sur les moyens qu'ont les organisations d'être hypocrites, c'est-à-dire de traiter de l'incohérence entre leurs discours, leurs décisions et leurs actions. Il soutient l'idée que le rapport entre le dire et le faire est loin d'être évident dans les organisations.

Le manager est souvent amené à mettre en discours plus qu'à mettre en œuvre, ce qui peut le conduire à créer de l'idéologie que Brunsson définit comme un corpus de valeurs partagées et d'idées communes aux membres d'une organisation.

---

2. N. Brunsson, The Organization of Hypocrisy: Talk, Decisions and Actions in Organizations, Copenhagen Business School Press; 2nd Revised edition (26 février 2000)

Le leadership authentique

Quant au leadership authentique, la notion a été forgée par W. George[3] et se définit comme un style de leadership, en accord avec à la fois les traits de personnalité et les valeurs d'un leader, conçu comme honnête, pourvu d'une sensibilité éthique et d'un sens pratique. La référence en est l'authenticité de la philosophie grecque de la maîtrise de soi. Un tel leader se focalise sur l'implication des subordonnés plus que sur les avantages matériels et le pouvoir.

Les trajectoires biographiques (en particulier les héritages familiaux) ont une importance. Il n'y a donc pas de style de leadership, mais une variabilité des styles en fonction des traits de personnalité, personnalisation qui est aussi garante de sa légitimité. Les caractéristiques générales en sont :
- la réflexivité,
- la transparence dans la relation avec les autres,
- l'équilibre dans la construction d'un point de vue et un fondement moral.

La validation empirique a été opérée à partir de la construction d'une échelle (LAS - Leader Authenticity Scale) qui mesure le degré d'authenticité de comportement indépendamment de la position hiérarchique et de son titre. L'Authentic Leadership Questionnaire (ALQ) est son pendant en matière d'auto-évaluation.

La médiatisation croissante

Au cours de l'étude, la médiatisation croissante de la société en général est revenue comme un thème ayant des impacts à différents niveaux dans les organisations. On constate en effet une orientation marketing omniprésente. Nous sommes dans un monde où l'événement fait référence. Qu'il s'agisse de la pression des journalistes pour être à l'affût

---

3. W. George, *Authentic Leadership : Rediscovering the Secrets to Creating Lasting Value*, Jossey-Bass, San Francisco, 2003

du moindre « scoop », ou de « starisation » de chacun au regard d'un exploit ou d'une réussite quelconque. Tout le monde veut devenir la star de l'instant.

Cette profusion d'informations, vraies ou fausses d'ailleurs, via les médias classiques et sur les réseaux sociaux, a pour effet de rendre potentiellement le commun des mortels dépendant de la dernière information ou de lui donner envie de devenir cette star de l'instant.

Cette société où il faut « faire ou être événement » impacte également la vie des entreprises. On voit se développer en interne dans les organisations le besoin de valoriser des collaborateurs, des équipes, des réussites. Dans ce contexte, de nouveaux outils de communication interne et l'organisation d'événements apparaissent un peu partout, peu importe la taille de l'entreprise. Des stratégies de marque employeur et de marketing RH, autrement dit d'employeur de référence, sont aujourd'hui en vogue afin de se distinguer et de valoriser certaines pratiques managériales.

Le storytelling, ou l'art de raconter une histoire, de mettre en scène, peut certes avoir des effets très positif en vue de créer du sens et d'embarquer un collectif dans une aventure mais peut aussi, quand il est décliné sur un dirigeant, avoir des impacts négatifs sur l'organisation[4].

L'infobésité et la dérégulation du marché de l'information, comme le précise Gérald Bronner[5] ont tendance à valoriser, via le nombre de clics et la présence sur les réseaux sociaux, la surexposition de personnalités. Il faut donc que les managers de tous niveaux soient prudents. Cette médiatisation accrue peut également avoir un impact en termes de positionnement personnel et en particulier pour les équipes dirigeantes qui pourraient être tentées de valoriser les effets d'annonce au détriment de réelles mises en œuvre de projets utiles à l'organisation.

---

4. Morgan, S. and Dennehy, R.F. (1997), "The power of organizational storytelling: a management development perspective", Journal of Management Development, Vol. 16 No. 7, pp. 494-501. S Reissner, V Pagan - Storytelling in management practice: Dynamics and implications, 2013
5. Bronner G., « Apocalypse cognitive », PUF, 2021

LA RÉ-INVENTION DES "BUSINESS MODELS"

Les impacts de la crise sanitaire ont bien montré que de nouveaux services sont à développer, selon 83 % des répondants. Les modes de consommation d'avant la crise ne vont peut-être pas perdurer.

Toute entreprise, quelle que soit sa taille ou son activité, met en œuvre un "business model" (modèle d'affaires), qui s'apparente à la description générale du projet de l'entreprise et qui explique comment l'entreprise :
- crée de la valeur pour le client (quelle offre, quels avantages et pour quel client) ;
- délivre cette valeur (distribution, communication, relation-clients...) ;
- capture de la valeur en retour (rentabilité financière, notoriété...).

Dans le contexte actuel, on s'aperçoit que ces "business models" sont questionnés et remis en question du fait de la transformation de la société en général. La réinvention des "business models" oblige le manager à développer des compétences de visionnaire et à préparer ses équipes aux compétences de demain.

DE NOUVEAUX SERVICES VONT SE DÉVELOPPER

PAS DU TOUT D'ACCORD	0 %
PLUTÔT PAS D'ACCORD	1 %
NI D'ACCORD NI PAS D'ACCORD	6 %
PLUTÔT D'ACCORD	50 %
TOUT À FAIT D'ACCORD	43 %

NOS MODES DE CONSOMMATION D'AVANT LA CRISE VONT PERDURER

PAS DU TOUT D'ACCORD	3 %
PLUTÔT PAS D'ACCORD	28 %
NI D'ACCORD NI PAS D'ACCORD	32 %
PLUTÔT D'ACCORD	30 %
TOUT À FAIT D'ACCORD	7 %

L'arrivée de l'opérateur Uber, venant concurrencer l'organisation réglementée des taxis a été l'un des révélateurs de cette transformation du business model.

Il convient de retenir que tous les modèles économiques d'hier sont chahutés par le monde d'aujourd'hui, les concurrences accrues et les attentes renouvelées vis-à-vis du travail.

Le business model n'est pas figé, il est dynamique, il évolue selon un processus d'ajustement à la fois téléologique et émergent, intégrant les nouvelles opportunités et les nouvelles contraintes de l'environnement ainsi que les nouvelles règles coordonnant l'innovation ouverte. Demil et Lecocq en 2010 parlent ainsi de « cohérence dynamique » pour expliciter la capacité que peut avoir la firme à modifier son business model tout en maintenant un niveau de performance élevée. Toutefois, l'évolution du business model de l'entreprise peut être rendue difficile par l'existence de nombreux freins aussi bien internes qu'externes.

Les freins internes sont principalement de deux ordres : une inertie organisationnelle et une incertitude sur les gains.

Tout d'abord, le redéploiement des actifs existants au sein de l'entreprise n'est pas toujours possible et il peut rencontrer une certaine inertie interne vis-à-vis du changement. Le renouvellement du business model ne peut être possible que s'il correspond à l'articulation volontaire de trois « méta-capabilités » : la capabilité de perception stratégique ou d'identification des opportunités ; une équipe dirigeante faisant preuve de leadership ; une fluidité des ressources permettant de les redéployer et d'en co-produire de nouvelles. Si la «dépendance de sentier» du business model est très forte, l'entreprise devra entreprendre d'autant plus d'efforts pour parvenir à le faire évoluer.

De plus, l'évolution du business model peut être entravée par l'existence d'une incertitude quant aux gains. Il est fréquent que l'expérimentation d'un nouveau business model génère temporairement des gains inférieurs au modèle existant.

LA TRANSFORMATION EN
QUESTION

Les résultats de notre enquête laissent perplexes : 88 % des personnes interrogées considèrent que les projets de transformation doivent se traduire en plan d'action et 77 % pensent que la mise en œuvre de ces projets de transformation est à réinventer. Il est également à souligner que l'expérience client et l'expérience collaborateur doivent être pilotées en cohérence selon 91 % des personnes interrogées. Et 88 % considèrent que le manager est l'un des acteurs clés de la transformation.

Il convient donc de retenir que dans le contexte actuel et à venir, les transformations du business en général appelleront de vraies réflexions sur les transformations organisationnelles et managériales.

Le manager de demain sera un « transformeur » !

LES PROJETS DE TRANSFORMATION DOIVENT SE TRADUIRE EN PLAN D'ACTION

PAS DU TOUT D'ACCORD	0 %
PLUTÔT PAS D'ACCORD	2 %
NI D'ACCORD NI PAS D'ACCORD	10 %
PLUTÔT D'ACCORD	32 %
TOUT À FAIT D'ACCORD	56 %

IL FAUT RÉINVENTER LA MISE EN ŒUVRE DES PROJETS DE TRANSFORMATION

PAS DU TOUT D'ACCORD	1 %
PLUTÔT PAS D'ACCORD	3 %
NI D'ACCORD NI PAS D'ACCORD	20 %
PLUTÔT D'ACCORD	44 %
TOUT À FAIT D'ACCORD	32 %

L'EXPÉRIENCE CLIENT ET L'EXPÉRIENCE COLLABORATEUR DOIVENT ÊTRE PILOTÉES EN COHÉRENCE

PAS DU TOUT D'ACCORD	0 %
PLUTÔT PAS D'ACCORD	3 %
NI D'ACCORD NI PAS D'ACCORD	6 %
PLUTÔT D'ACCORD	20 %
TOUT À FAIT D'ACCORD	71 %

LE MANAGER EST UN ACTEUR-CLEF DES PROJETS DE TRANSFORMATION

PAS DU TOUT D'ACCORD	1 %
PLUTÔT PAS D'ACCORD	4 %
NI D'ACCORD NI PAS D'ACCORD	7 %
PLUTÔT D'ACCORD	38 %
TOUT À FAIT D'ACCORD	50 %

Quelques point de vue sur la transformation

Pour Frédéric Laloux, auteur de « Reinventing Organisations »[6], nous sommes clairement arrivés au bout de quelque chose. Et d'ajouter, « si on regarde bien, on voit émerger un nouveau paradigme, plus puissant, plus nourrissant et porteur de sens que celui qu'on connaît aujourd'hui. »

Engoncée dans un système pyramidal qui n'autorise qu'un seul mode de pensée, l'entreprise d'hier jugule totalement la partie intuitive de ses collaborateurs et doit réussir à se reprogrammer. Si cela fonctionne bien au sein d'entreprises dont le métier est simple, tout s'écroule à la moindre complication, car la hiérarchie ne sait pas gérer la complexité. « La supprimer, c'est laisser apparaître les hiérarchies naturelles », assure Frédéric Laloux.

Il est important de bien prendre en compte ce que recouvre réellement le concept de transformation. Sans entrer dans une liste de définitions,

---

6. F. Laloux, *Reinventing Organizations*, Diateino, 2019

il convient de retenir qu'une transformation évoque le « passage d'une forme à une autre ». En allant du changement à la transformation, on passe donc du « changement d'état » au « changement de forme ».

Selon Behnam N. Tabrizi[7], 70 % des transformations d'envergure n'atteignent pas leur objectif. La dimension humaine en serait l'origine.

Les projets de transformation des entreprises et/ou des administrations devraient conduire in fine à la transformation managériale et au passage du "Command and Control" au "Inspire and Promove". C'est l'une des clés du succès mais qu'en est-il dans la réalité ?

D'après une étude nord-américaine intitulée « Conduire le changement : Pourquoi les efforts de transformation échouent »[8], publiée en 1995 dans la célèbre Harvard Business Review, seuls 30 % des changements organisationnels réussissent, ou, en d'autres termes, 70 % des changements organisationnels n'atteignent pas leurs objectifs.

Dix ans plus tard, les choses n'ont guère progressé. En 2006, le cabinet en conseil stratégique McKinsey & Company a interrogé 1 546 dirigeants d'entreprise[9] pour savoir s'ils estimaient leurs tentatives de réorganisations « complètement/principalement » réussies[10] : seuls 30 % se montraient satisfaits des résultats, le taux d'échec partiel ou total persistant donc à 70 %.

En matière de transformation et d'impacts sur le management, nous pouvons faire référence également à François Dupuy qui précise dans son ouvrage *On ne change pas les entreprises par décret*, publié au Seuil en 2020 : « Dans le monde de l'entreprise, chacun sait ce qu'il faudrait faire, mais personne ne sait comment s'y prendre ».

Pour sortir de l'immobilisme, François Dupuy jette les bases d'une théorie de l'action managériale. Après avoir montré ce qui n'allait pas

---

7. https://youtu.be/UJR2Y8mSp2U
8. J. Kotter, "Leading Change: Why Transformation Efforts Fail", Harvard Business Review, March–April 1995
9. J. Isern and C. Pung, "Organizing for successful change management: A McKinsey global survey", The McKinsey Quarterly, June 2006
10. S. Keller and C. Aiken, "The Inconvenient Truth About Change Management. Why it isn't working and what to do about it", McKinsey & Company

(*Lost in management*, tome 1, prix du meilleur ouvrage sur le monde du travail en 2012), puis identifié les causes des errements (*La Faillite de la pensée managériale*, tome 2), l'auteur s'attelle aux solutions concrètes dans ce troisième volume de la série.

Loin des modes successives qui prétendent révolutionner le management, il s'appuie en sociologue sur le fonctionnement réel des organisations pour montrer qu'il est possible de travailler autrement. « À condition de savoir cultiver la confiance et de développer l'intuition, les dirigeants peuvent éviter les faux remèdes qui ne font qu'aggraver le mal et accomplir la nécessaire transformation de leur entreprise ».

Cet essai énergique, illustré d'exemples et d'études de cas approfondis, est aussi un parcours au cœur de la diversité et de la complexité des organisations, au service de leur performance.

LES NOUVELLES ORGANISATIONS
DU TRAVAIL

Les résultats de nos enquêtes montrent bien que l'équilibre entre vie privée et vie professionnelle a pris une dimension nouvelle dans les attentes des collaborateurs et, de ce fait, le télétravail apparaît comme une «possible» solution facilitante.

Au regard de l'ensemble des évolutions organisationnelles et de la nécessité de développer des organisations de plus en plus apprenantes, le manager sera de plus en plus au cœur de l'organisation du travail en répartissant les temps entre présentiel et à distance, (degré d'accord: 80%), en développant des modes projets (degré d'accord: 83%) et en étant au service de ses équipes (degré d'accord: 79%) mais aussi en étant un développeur de compétences (degré d'accord: 90%) et pour plus de 61%, il devra également être un mentor.

LE MANAGER DE DEMAIN RÉPARTIT LE TEMPS DE TRAVAIL DE SES ÉQUIPES EN PRÉSENTIEL ET À DISTANCE

PAS DU TOUT D'ACCORD	2 %
PLUTÔT PAS D'ACCORD	6 %
NI D'ACCORD NI PAS D'ACCORD	12 %
PLUTÔT D'ACCORD	40 %
TOUT À FAIT D'ACCORD	40 %

LE TRAVAIL EN MODE PROJET DEVIENT DE PLUS EN PLUS LA RÈGLE

PAS DU TOUT D'ACCORD	0 %
PLUTÔT PAS D'ACCORD	3 %
NI D'ACCORD NI PAS D'ACCORD	14 %
PLUTÔT D'ACCORD	42 %
TOUT À FAIT D'ACCORD	41 %

LE MANAGER DE DEMAIN EST AU SERVICE DE SON ÉQUIPE

- PAS DU TOUT D'ACCORD — 1 %
- PLUTÔT PAS D'ACCORD — 5 %
- NI D'ACCORD NI PAS D'ACCORD — 15 %
- PLUTÔT D'ACCORD — 34 %
- TOUT À FAIT D'ACCORD — 45 %

DÉVELOPPER LES COMPÉTENCES DES COLLABORATEURS EST UNE PRIORITÉ POUR LE MANAGER DE DEMAIN

- PAS DU TOUT D'ACCORD — 0 %
- PLUTÔT PAS D'ACCORD — 3 %
- NI D'ACCORD NI PAS D'ACCORD — 7 %
- PLUTÔT D'ACCORD — 41 %
- TOUT À FAIT D'ACCORD — 49 %

LE MANAGER DE DEMAIN EST UN MENTOR

- PAS DU TOUT D'ACCORD — 3 %
- PLUTÔT PAS D'ACCORD — 10 %
- NI D'ACCORD NI PAS D'ACCORD — 26 %
- PLUTÔT D'ACCORD — 44 %
- TOUT À FAIT D'ACCORD — 17 %

J'AI DÛ REPENSER L'ÉQUILIBRE ENTRE MA VIE PRO/PERSO

- PAS DU TOUT D'ACCORD — 4 %
- PLUTÔT PAS D'ACCORD — 11 %
- NI D'ACCORD NI PAS D'ACCORD — 20 %
- PLUTÔT D'ACCORD — 35 %
- TOUT À FAIT D'ACCORD — 30 %

LE TÉLÉTRAVAIL VA SE GÉNÉRALISER

PAS DU TOUT D'ACCORD	0 %
PLUTÔT PAS D'ACCORD	4 %
NI D'ACCORD NI PAS D'ACCORD	12 %
PLUTÔT D'ACCORD	47 %
TOUT À FAIT D'ACCORD	37 %

Dans le contexte actuel et fort des expériences tirées des périodes de confinement, le télétravail se positionne en tête des modalités nouvelles à prendre en compte pour organiser le travail. Il faudra cependant être très vigilant sur la mise en œuvre du télétravail et sur les modalités de régulation qui sont ou seront à ré-inventer.

Le pilotage d'une équipe à distance est un exercice particulier qui doit être pensé et adapté à chaque organisation. Les équipes RH et la ligne managériale devront développer des pratiques renouvelées et les évaluer en permanence pour les ajuster si besoin. Les organisations en "open space" souffrent de la distanciation physique imposée. Les aménagements innovants et très lourds financièrement des dernières années se trouvent mis à mal. Pour les métiers où le télétravail n'est pas possible, les réflexions sur les aménagements de l'organisation du travail semblent être un sujet d'avenir également.

Notre étude a mis en valeur le concept d'« usure organisationnelle », c'est-à-dire l'inadéquation croissante entre des formes organisationnelles existantes et les exigences d'adaptation, de souplesse, d'agilité attendues tant par les parties prenantes que par l'activité elle-même. Cette usure organisationnelle illustre toutes les situations de vieillissement des fonctionnements organisationnels actuels qui génèrent des dysfonctionnements contre-productifs.

À titre d'exemple, les organisations matricielles, souvent associées dans le discours à une sorte de mélodie du bonheur, sont génératrices de conflits de rôles, de pertes de repères et de bazar organisationnel. De l'autre côté, les rigidités imposées par des organigrammes fonctionnels classiques peuvent également être des freins aux ajustements permanents, à la souplesse organisationnelle nécessaire dans ce monde de plus en plus volatil, complexe, incertain et ambigu.

Si l'hypocrisie organisationnelle (cf. p 52) met en évidence l'écart important et grandissant entre le dire et le faire, la mise en discours et la mise en œuvre, l'usure organisationnelle illustre en plus, le manque de vision prospective et d'ambition au plus haut niveau, la fatigue des équipes liée au zapping organisationnel issu de modes managériales successives, l'incohérence des formes de pilotage, l'insuffisance des modalités de reconnaissance, l'absence de mesure des impacts de toutes les transformations en cours.

Au final, les réflexions sur les structures organisationnelles, les espaces de travail, la temporalité et le fonctionnement organisationnel représentent autant de sujets à ré-inventer pour accompagner la mise en œuvre des grands projets de transformation en cours.

Les organisations apprenantes

D'après une étude de France Stratégie[11] le monde du travail se transforme et, à un horizon de quinze ans, le modèle classique de l'emploi relativement stable ouvrant des droits sociaux, avec un employeur identifié et des horaires déterminés, va nécessairement évoluer. L'avenir du travail peut se lire dans les mutations de l'organisation des entreprises soucieuses de toujours gagner en performance.

La France est en retard pour le développement des organisations apprenantes. Aujourd'hui, près de la moitié des salariés français travaille encore dans une organisation traditionnelle : 24 % dans les entreprises « tayloriennes » (textile-habillement, agroalimentaire, transport, bois...) et 21 % dans des structures simples (services à la personne, associations, taxis, vendeurs, commerciaux, employés et ouvriers non qualifiés). Seuls 30 % d'entre eux travaillent dans des organisations apprenantes

---

11. https://www.strategie.gouv.fr/espace-presse/lavenir-travail-quatre-types-dorganisation-travail-lhorizon-2030

qui privilégient l'autonomie, l'apprentissage et l'enrichissement du travail, bien en dessous du taux affiché par les pays du Nord de l'Europe où il oscille entre 55 % et 60 %. Certains pays moins bien placés que la France dans les années 2000, comme l'Allemagne ou l'Autriche, ont rattrapé leur retard et se hissent aujourd'hui au-delà de la moyenne européenne.

Pourtant, les organisations apprenantes offrent les meilleures perspectives tant pour les entreprises que pour les salariés. Ces derniers ont plus souvent accès à un emploi en CDI et ils sont davantage consultés par leur hiérarchie pour la fixation de leurs objectifs. Les organisations apprenantes consacrent en moyenne 6,5 % de leur masse salariale à la formation soit 4 fois plus que les organisations tayloriennes. Les conditions de travail et la satisfaction sont meilleures : moins de stress, meilleure conciliation entre vie privée et vie professionnelle, moins de risques pour la santé...

Les travaux de prospective dessinent un monde qui nécessitera des organisations du travail plus souples et plus évolutives, capables de faire face aux changements, même rapides, voire de les anticiper. Plusieurs scénarios, non exclusifs les uns des autres, se dessinent en fonction des évolutions économiques, technologiques et sociétales.

La diffusion massive des organisations apprenantes

Des métiers autrefois à faible valeur ajoutée se trouveraient revalorisés ; des perspectives de formation continue et de mobilité ascendante s'ouvriraient ; l'emploi serait plus stable. Certains métiers des services à la personne, de la prise en charge sanitaire et du médico-social, qui sont composés de structures simples aujourd'hui, seraient valorisés en intégrant des organisations apprenantes. Le programme Intermountain Healthcare aux États-Unis, qui propose une prise en charge pluridisciplinaire de personnes âgées à leur domicile, est un bon exemple. La prise de décision se fonde sur un processus d'apprentissage continu et les soins à domicile impliquent de valoriser l'ensemble de l'équipe, du neurochirurgien à l'assistante à domicile.

La plateforme collaborative virtuelle et apprenante

Elle permet d'éclater les différents services tout en les reliant par des espaces de travail virtuels qui proposent les outils nécessaires au travail en commun. Elle implique une communauté de travail beaucoup plus autonome et élargie : la société civile peut travailler aux côtés des employés. Les conditions de travail sont modifiées : ce n'est plus la présence mais la réalisation d'un objectif qui détermine la rétribution. Les travailleurs ne sont plus seulement évalués par un manager mais par leurs pairs en réseau voire par les utilisateurs finaux. Ils peuvent travailler pour plusieurs employeurs. Ce modèle présente aussi certains risques : une flexibilité accrue des formes d'emploi, une dépersonnalisation du travail, un éclatement du collectif et une augmentation des risques psychosociaux.

Un super-intérim ultra-flexible pourrait se développer

Des plateformes de mise en relation pourraient voir le jour et s'étendre à tous les secteurs requérant une main d'œuvre peu ou moyennement qualifiée, voire à des métiers plus intellectuels (professeurs, avocats...). Les entreprises ajusteraient leur force de travail en temps réel et pourraient recruter pour des périodes courtes des candidats déjà évalués par d'autres. Ces plateformes remettraient en cause le fonctionnement actuel du travail : les travailleurs seraient liés à plusieurs employeurs, pourraient changer d'activité dans la journée et choisir de se rendre disponibles ou pas. Ils seraient en compétition entre eux et les perspectives de formation et d'évolution seraient limitées. On risquerait d'assister à l'émergence d'une économie de « petits boulots » faiblement rémunérés et donc à une recrudescence de la précarité.

Un « taylorisme new Age » avec le développement de plateformes de « production »

Des personnes ne possédant aucune compétence particulière effectueraient des tâches simples à partir d'un terminal numérique. Elles en tireraient un revenu d'appoint ou leur revenu principal. Le marché du travail serait alors complètement polarisé avec d'un côté des personnes exerçant un « vrai » travail, à forte valeur ajoutée, de l'autre des personnes exécutant à distance des tâches à faible valeur ajoutée, sans droits sociaux ni perspectives de carrière. Demain, une grande capacité d'adaptation de la part des individus sera requise sur le marché du travail. La maîtrise initiale de savoirs et surtout la capacité à en intégrer de nouveaux seront importantes. Un dialogue semble nécessaire entre les partenaires sociaux, la société civile et les pouvoirs publics afin d'anticiper tant les risques que les opportunités que laissent entrevoir ces nouvelles formes d'organisation du travail.

PARTIE 3

LE MANAGEMENT AU CŒUR DES **BOULEVERSEMENTS**

PARTIE 3

LE MANAGEMENT AU CŒUR DES BOULEVERSEMENTS

LE CŒUR HISTORIQUE **DU MÉTIER**

L'une des difficultés que l'on peut rencontrer dans le cadre d'une recherche bibliographique sur le métier de manager est, dans un certain sens, la très grande profusion d'articles scientifiques, d'ouvrages, de blogs, d'articles de presse, etc. existant aujourd'hui sur le management et sur la personne qui se doit de le mettre en œuvre au plus près des collaborateurs et des clients.

Pourtant, d'une manière assez étonnante, nous ne pouvons que constater l'absence de définitions, à la fois du management et du métier de manager, véritablement partagées.

Même si de nombreux auteurs ont travaillé sur le manager et le management, en particulier les théoriciens de l'École Classique (Henri Fayol entre autres), l'un des rares auteurs à avoir fourni une définition est Mintzberg en 1973, pour qui le manager est « toute personne qui a la responsabilité d'une organisation formelle ou d'une de ses sous-unités. Il est investi d'une autorité formelle sur sa propre unité, et ceci conduit à ses deux objectifs fondamentaux. »

Drucker est assez proche de Mintzberg puisqu'il considère que le rôle du manager est finalement le pilotage de la valeur et consisterait à :
1. Définir la mission de l'organisation,
2. Fixer les objectifs,
3. Organiser le travail,
4. Motiver et impliquer les personnes,
5. Former les personnes,
6. Établir des normes de performance,
7. Évaluer les résultats.

Historiquement ce pilotage de la valeur s'est centré sur les activités 1, 2 et 6 et 7, au détriment peut-être des activités liées à l'organisation du travail, la motivation et l'implication des personnes, et leur formation !

D'autres auteurs anglo-saxons membres de l'École des Relations Humaines, se sont attachés là encore, non pas à définir le manager, mais à identifier des styles-modes de commandement (pour ne pas dire de leadership) :

- l'autoritaire-autocratique (Lewin, 1935 ; Likert, 1961 ; Blake et Mouton, 1964) ;
- le laisser-faire (Lewin, 1935 ; Blake et Mouton, 1964) ;
- le consultatif (Likert, 1961) ;
- le participatif démocratique (Lewin, 1935 ; Likert, 1961 ; Blake et Mouton, 1964) ;
- l'intégrateur (Blake et Mouton, 1964).

Pour notre part, nous considérons que ces travaux qui reposent sur le concept de leader en s'appuyant sur la dynamique des groupes, et qui tendent à proposer des styles ou profils « idéaux », posent question dans notre domaine scientifique.

Ainsi, faut-il considérer le leader comme un métier à part entière au côté du manager ou non ? Cela devrait être beaucoup plus questionné à notre sens dans les travaux de recherche. Pour nous la réponse est négative ; nous rejoignons à ce titre Noguera et Plane pour qui « être leader n'est pas un statut mais un état ».

Si l'on s'intéresse maintenant aux publications francophones sur les responsables et/ou les managers, à partir d'une revue de littérature que nous avions menée sur 14 revues et près de 130 articles scientifiques (Payre, Scouarnec, 2015), nous pouvons faire là encore le constat qu'il n'existe pas vraiment de définition partagée du métier de manager.

Pire, nous avons pu identifier le fait que de nombreux articles, certes parfois anciens pour certains, recourent à une grande variété de termes pour parler de la fonction d'encadrement et du métier de manager tels que chef, encadrant, encadrement, gestionnaire (dans la littérature canadienne), responsable... en mentionnant parfois les qualificatifs intermédiaires, de proximité sans toujours bien expliciter la place occupée dans l'organigramme ou la hiérarchie de l'organisation.

En ce qui concerne les principales missions et rôles identifiés dans la littérature, il est possible de faire une synthèse au travers de quatre principaux champs d'activité que sont :
- la gestion des activités et de la production ;
- l'animation d'équipe et l'encadrement des personnes ;
- la contribution à l'élaboration de la stratégie ;
- la contribution aux changements organisationnels.

Toutefois, ce qui nous semble ressortir de la littérature porte plus précisément sur les questions de l'articulation de la stratégie avec la réalité de la vie des équipes ainsi que l'encadrement voire l'évaluation des personnes et de l'implication de celles-ci dans la mise en place de changements.

On peut relever dans la littérature une certaine dichotomie entre l'encadrement des personnes et le pilotage-contrôle de la réalisation de l'activité, ce qui cristallise peut-être la confusion mais aussi l'interrelation entre activités de gestion et activités managériales.

Notre vision du manager

Au final, nous proposons de retenir la définition du manager suivante : « **Le manager est toute personne qui exerce une fonction d'encadrement, quel que soit son positionnement hiérarchique, fonctionnel ou divisionnel ainsi que son statut au sein de l'entreprise, auprès d'une ou plusieurs personnes qui exercent ou non, à titre principal, elles-mêmes, une fonction d'encadrement.** »

Nous nous distinguons par là-même clairement de Mintzberg puisque nous considérons que le métier de manager et la fonction d'encadrement peuvent tout à fait être pratiqués en dehors parfois de l'autorité formelle ou plutôt de l'organisation formelle.

LES NOUVEAUX **ATTENDUS**

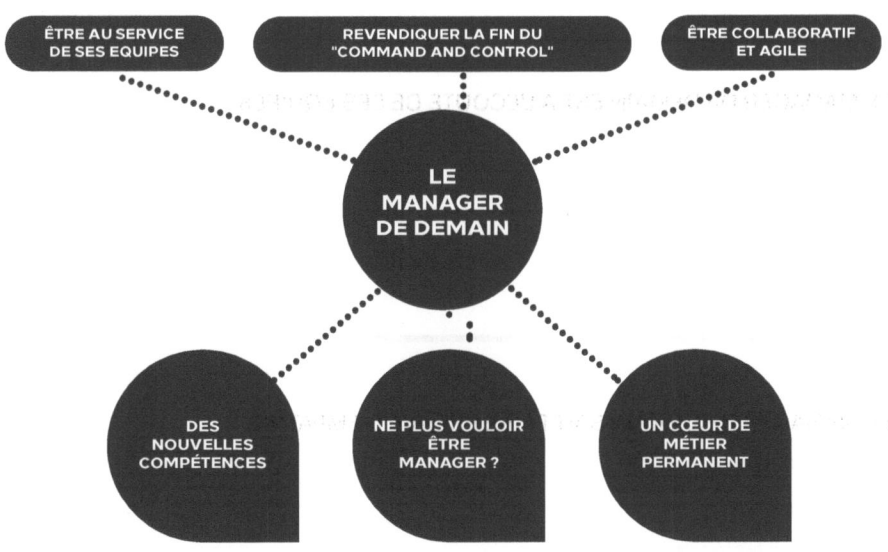

ÊTRE AU SERVICE DE SES ÉQUIPES

Au regard de nos résultats (entretiens et questionnaire), le manager de demain apparaît comme devant :
- être au service de son équipe (degré d'accord : 79 %) ;
- être à l'écoute de ses équipes (degré d'accord : 97 %) ;
- faire preuve d'empathie (degré d'accord : 90 %) ;
- rester authentique (degré d'accord : 74 %).

LE MANAGER DE DEMAIN EST AU SERVICE DE SON ÉQUIPE

PAS DU TOUT D'ACCORD	1 %
PLUTÔT PAS D'ACCORD	5 %
NI D'ACCORD NI PAS D'ACCORD	15 %
PLUTÔT D'ACCORD	34 %
TOUT À FAIT D'ACCORD	45 %

LE MANAGER DE DEMAIN EST À L'ÉCOUTE DE SES ÉQUIPES

PAS DU TOUT D'ACCORD	0 %
PLUTÔT PAS D'ACCORD	1 %
NI D'ACCORD NI PAS D'ACCORD	2 %
PLUTÔT D'ACCORD	27 %
TOUT À FAIT D'ACCORD	70 %

LE MANAGER DE DEMAIN SAIT FAIRE PREUVE D'EMPATHIE

PAS DU TOUT D'ACCORD	0 %
PLUTÔT PAS D'ACCORD	1 %
NI D'ACCORD NI PAS D'ACCORD	9 %
PLUTÔT D'ACCORD	45 %
TOUT À FAIT D'ACCORD	45 %

LE MANAGER DE DEMAIN RESTE AUTHENTIQUE EN TOUTES CIRCONSTANCES

PAS DU TOUT D'ACCORD	1 %
PLUTÔT PAS D'ACCORD	4 %
NI D'ACCORD NI PAS D'ACCORD	21 %
PLUTÔT D'ACCORD	44 %
TOUT À FAIT D'ACCORD	30 %

Le "servant leaderhip"

Le manager est au service de ses équipes : une vision souvent oubliée du management qui revient sur le devant de la scène pour mettre en évidence ce besoin d'écoute, d'empathie à l'égard des équipes.

Dans la littérature en management, des travaux ont valorisé ce "servant Leadership". Par exemple, P. de Rozario[1] valorise la notion de servant leadership pour fonder les liens « responsabilisation – empowerment », en reprenant les travaux de Robert K. Greenleaf[2]. Comme le rappelait déjà en 2013 Belet[3], Greenleaf explique que, au lieu d'exercer prioritairement son pouvoir hiérarchique et de vouloir tout contrôler, le "servant leader" agira de façon très différente :

- il écoutera de manière attentive ses collaborateurs pour comprendre leurs idées, leurs besoins et leurs soucis ;
- il agira de manière réfléchie pour aider à la recherche d'un consensus créatif ;
- il essaiera de trouver un équilibre entre des points de vue différents voire opposés ;
- il s'élèvera au-dessus de simples compromis afin de trouver une solution perçue comme juste, pertinente et compréhensible par le plus grand nombre.

Ses principes d'action consisteront essentiellement à :

- fournir les informations essentielles pour une compréhension complète de la mission de l'organisation par tous les collaborateurs ;
- construire une réelle vision partagée avec le plus grand nombre de collaborateurs quant au projet stratégique de l'organisation ;

---

1. P. de Rozario, « Les entreprises peuvent-elles faire confiance à la confiance ? Une exploration du lien contrôle – confiance comme principe organisationnel », Journée « La confiance en question », CNAM, 20 mars 2015
2. R. K. Greenleaf, Servant Leadership: A Journey into the Nature of Legitimate Power and Greatness (25th anniversary ed.). New York: Paulist Press, 2002 et R.K. Greenleaf, The Servant-Leader Within: a Transformative Path New York: Paulist Press, 2003
3. D. Belet, Le « servant leadership » : un paradigme puissant et humaniste pour remédier à la crise du management, Association de Recherches et Publications en Management « Gestion 2000 » 2013/1 Volume 30

- s'auto-contrôler (notamment au niveau de ses propres émotions) quelles que soient les circonstances afin d'agir de manière éthique (par rapport aux normes définies par l'organisation) ;
- encourager les relations de coopération entre les différents acteurs de l'organisation en soulignant leur interdépendance selon une vue systémique ;
- apprendre des erreurs et développer une culture managériale d'apprentissage à tous les niveaux et de façon permanente ;
- encourager de toutes les façons possibles les contributions créatives de tous les membres et de toutes les équipes de l'organisation, et ce, à tous les niveaux ;
- avoir lui-même un rôle exemplaire au niveau de ses attitudes et de ses comportements professionnels ;
- attacher une importance essentielle à la construction et au maintien d'un climat de confiance entre tous les acteurs internes, mais aussi avec les partenaires externes de l'organisation, par une véritable coopération et une transparence de l'information ;
- adopter un esprit d'humilité, de simplicité et de service envers toutes les personnes de l'organisation et en particulier vis-à-vis de ses collaborateurs afin de faciliter leurs tâches.

Comme le souligne Greenleaf, le "servant leadership" n'est pas une quête personnelle du pouvoir, du prestige ou des récompenses matérielles visant essentiellement à satisfaire l'ego du dirigeant. Il procède d'une motivation intrinsèque du responsable hiérarchique pour aider, enrichir et élever les autres vers de nouvelles possibilités et de nouveaux niveaux d'accomplissement professionnel, à la fois comme individu et comme équipier.

REVENDIQUER LA FIN DU "COMMAND AND CONTROL"

Le management vertical n'est pas le fonctionnement hiérarchique le plus efficient, seuls 13 % des répondants le pensent.

LE MANAGEMENT VERTICAL DEMEURE LE FONCTIONNEMENT HIÉRARCHIQUE LE PLUS EFFICIENT

PAS DU TOUT D'ACCORD	26 %
PLUTÔT PAS D'ACCORD	34 %
NI D'ACCORD NI PAS D'ACCORD	27 %
PLUTÔT D'ACCORD	11 %
TOUT À FAIT D'ACCORD	2 %

Le management de contrôle n'a plus d'avenir selon près de la moitié des personnes interrogées.

LE MANAGEMENT DE CONTRÔLE N'A PLUS D'AVENIR

PAS DU TOUT D'ACCORD	5 %
PLUTÔT PAS D'ACCORD	21 %
NI D'ACCORD NI PAS D'ACCORD	28 %
PLUTÔT D'ACCORD	24 %
TOUT À FAIT D'ACCORD	22 %

Le manager de demain n'est pas un expert technique.

LE MANAGER DE DEMAIN EST UN EXPERT TECHNIQUE

PAS DU TOUT D'ACCORD	15 %
PLUTÔT PAS D'ACCORD	42 %
NI D'ACCORD NI PAS D'ACCORD	28 %
PLUTÔT D'ACCORD	14 %
TOUT À FAIT D'ACCORD	1 %

L'expertise est toujours fondamentale pour le manager de demain.

L'EXPERTISE EST TOUJOURS FONDAMENTALE POUR LE MANAGER DE DEMAIN

PAS DU TOUT D'ACCORD	3 %
PLUTÔT PAS D'ACCORD	23 %
NI D'ACCORD NI PAS D'ACCORD	30 %
PLUTÔT D'ACCORD	35 %
TOUT À FAIT D'ACCORD	9 %

Mais les directions générales n'ont pas entériné la fin du management par le contrôle !

LES DIRECTIONS GÉNÉRALES ONT ENTÉRINÉ LA FIN DU MANAGEMENT PAR LE CONTRÔLE

PAS DU TOUT D'ACCORD	31 %
PLUTÔT PAS D'ACCORD	47 %
NI D'ACCORD NI PAS D'ACCORD	15 %
PLUTÔT D'ACCORD	5 %
TOUT À FAIT D'ACCORD	2 %

Notre étude semble montrer une différence d'appréciation entre ce qui est attendu par les managers en général et les pratiques de directions générales, encore trop centrées sur un management par le contrôle. Lors de notre focus groupe, certains verbatims ont pu être relevés :

« Les équipes dirigeantes ne managent pas, elles dirigent ! »

« Le top management est trop centré sur la fixation de directives. »

Le management classique et ses risques

De nombreux travaux ont montré que la philosophie du management, ses modèles et surtout ses pratiques dominantes, restent très marqués par des conceptions traditionnelles, hiérarchiques et centralisées, et notamment par une vision archaïque de nature « héroïque » de la figure du leader. Elles reflètent un ensemble de croyances et d'idées reçues, paradoxalement très peu remises en cause à ce jour, tant elles sont liées à une conception « monarchique » de l'exercice du pouvoir qui prédomine toujours en France, en particulier dans les organisations[4].

Les résultats de notre étude montrent que le management classique autoritaire, directif, n'est plus le style attendu. Cependant, les directions générales ne semblent pas encore avoir adopté des styles de management plus en phase avec les attentes de l'ensemble des parties prenantes. Le débat reste donc ouvert sur ces visions différenciées du management.

Au regard de ces résultats, nous souhaitons rappeler les risques possibles associés à des styles de management non adaptés au contexte actuel et à venir.

Un leader toxique est un leader qui abuse de la relation « supérieur/subordonné » en laissant la situation dans un état pire que lors de ses prises de fonction. Ses traits de caractères sont la surcompétition, la condescendance, il est inflexible et arrogant.

Dans cette famille de leaders, Drucker mentionne le leader totalitaire qui se caractérise par le fait qu'il pense toujours avoir raison, qu'il pense aussi posséder l'autorité lui permettant de décréter, en toute bonne conscience, ce qui est bien et ce qui est mal, ainsi que le sentiment qu'il se trouve au-delà de la société, caractéristiques justifiées à ses yeux par la position qu'il occupe.

Le "bad leader" conduit ses équipes dans un mauvais scénario sans avoir de retours négatifs de leur part. Babiak et Hare parlent de "snakes in suits", les dimensions psychopathe et narcissique de leur comportement débouchant sur une attitude machiavélique se caractérisant, entre autres, par leur faculté à s'entourer de collaborateurs possédant un profil identique.

---

4. M. Crozier, B. Tilliette, *Quand la France s'ouvrira...*, éditions Fayard, Paris, 2000

Le tableau[5] ci-dessous illustre la différence entre le manager qui adopterait un style de leadership adapté à nos contextes de transformation et celui qui serait plus toxique, plus narcissique.

LEADERSHIP TRANSFORMATIONNEL	LEADERSHIP NARCISSIQUE
Charisme	
Communication verbale imagée — Utilisation de figures de style (allégories, analogies, métaphores et symboles) qui suscitent des réactions émotionnelles	Communication verbale non-expressive — Exploitation du balayage visuel, de la modulation de la voix, des expressions faciales et des mouvements de bras
Influence idéalisée	**Influence intéressée**
- satisfaction des besoins des autres - préoccupation pour le plein épanouissement d'autrui	- satisfaction de ses propres besoins - préoccupation exclusive pour l'agrandissement de son « moi »
Motivation inspirationnelle	**Motivation fallacieuse**
- vision excitante du futur - présentation d'un projet d'avenir à la fois exigeant, exaltant et réalisable	- vision chimérique du futur - présentation d'un projet d'avenir à la fois téméraire, spectaculaire et utopique
Stimulation intellectuelle	**Inhibition intellectuelle**
- invitation à la critique - sollicitation de remises en questions intelligentes de l'ordre établi	- intolérance à la critique - recherche exclusive de la validation des positions
Considérations individualisée	**Considération simulée**
- attention et respect portés envers les autres - gestion personnalisée des membres du personnel	- manipulation et exploitation des autres - gestion machiavélique des membres du personnel

---

5. Ouimet, G. *« Analyse comparative du leadership transformationnel et du leadership narcissique »*, in psychologie du travail et des organisations, 2012

ÊTRE COLLABORATIF ET AGILE

Les résultats de notre étude montrent que le management « co-co-co », pour reprendre la formulation de Jean-Marie Peretti, est bien attendu dans les organisations. Par co-co-co, nous entendons collectif, collaboratif et co-construit.

L'ACCOMPAGNEMENT DES ÉQUIPES SERA À LA FOIS INDIVIDUEL ET COLLECTIF

PAS DU TOUT D'ACCORD	0 %
PLUTÔT PAS D'ACCORD	2 %
NI D'ACCORD NI PAS D'ACCORD	2 %
PLUTÔT D'ACCORD	39 %
TOUT À FAIT D'ACCORD	57 %

LE TRAVAIL EN ÉQUIPE EST DE PLUS EN PLUS EN MODE COLLABORATIF

PAS DU TOUT D'ACCORD	1 %
PLUTÔT PAS D'ACCORD	0 %
NI D'ACCORD NI PAS D'ACCORD	6 %
PLUTÔT D'ACCORD	47 %
TOUT À FAIT D'ACCORD	46 %

LE MANAGEMENT D'UN PROJET SE FAIT DE PLUS EN PLUS EN MODE AGILE

PAS DU TOUT D'ACCORD	2 %
PLUTÔT PAS D'ACCORD	5 %
NI D'ACCORD NI PAS D'ACCORD	19 %
PLUTÔT D'ACCORD	53 %
TOUT À FAIT D'ACCORD	21 %

LES FORMES ORGANISATIONNELLES CHANGENT DE PLUS EN PLUS AU GRÉ DES PROJETS

- PAS DU TOUT D'ACCORD — 2 %
- PLUTÔT PAS D'ACCORD — 5 %
- NI D'ACCORD NI PAS D'ACCORD — 19 %
- PLUTÔT D'ACCORD — 53 %
- TOUT À FAIT D'ACCORD — 21 %

LE MANAGER DE DEMAIN VALORISE LES ENJEUX DE RESPONSABILITÉ SOCIALE ET ENVIRONNEMENTALE

- PAS DU TOUT D'ACCORD — 1 %
- PLUTÔT PAS D'ACCORD — 3 %
- NI D'ACCORD NI PAS D'ACCORD — 16 %
- PLUTÔT D'ACCORD — 39 %
- TOUT À FAIT D'ACCORD — 41 %

LE MANAGER DE DEMAIN FAVORISE L'AUTONOMIE DES ÉQUIPES

- PAS DU TOUT D'ACCORD — 1 %
- PLUTÔT PAS D'ACCORD — 0 %
- NI D'ACCORD NI PAS D'ACCORD — 3 %
- PLUTÔT D'ACCORD — 34 %
- TOUT À FAIT D'ACCORD — 62 %

La collaboration est l'acte de travailler ou de réfléchir ensemble pour atteindre un objectif. Dans son sens commun, la collaboration est un processus par lequel deux ou plusieurs personnes ou organisations s'associent pour effectuer un travail intellectuel suivant des objectifs communs.

La coopération est une forme d'organisation collective qui entend promouvoir dans le domaine économique et social un système fondé sur une vision partagée des différents acteurs, dans un esprit d'intérêt général, au service de toutes les parties prenantes.

Les pratiques managériales qui valorisent la co-construction, la collaboration de l'ensemble de l'équipe, voire de certaines parties prenantes, et la coopération sont mises en avant depuis des années dans la littérature managériale.

Les pratiques innovantes en la matière existent dans les entreprises et seront certainement à développer et à accentuer au regard des attentes des collaborateurs mais aussi en fonction de la complexité des sujets à traiter.

Dans ces contextes, le manager apparaîtrait comme un facilitateur, laisserait de l'autonomie aux équipes et mettrait en place des modalités de travail dites agiles. S'il s'agit d'une confirmation d'une tendance avérée, il convient de rester prudent quant à son réel développement dans toutes les formes d'organisations et de secteurs dans la mesure du possible.

Il faudra également rester vigilant quant aux besoins de régulation des collectifs et de clarification des délégations de pouvoir, utiles pour les décisions stratégiques.

S'ils présentent de nombreux avantages, ces modes de travail collaboratifs nécessitent également de nouvelles modalités, voire des règles de fonctionnement, sinon les conflits de rôle et les incompréhensions peuvent nuire au bénéfice attendu de la valorisation du co-co-co ! Là aussi, au-delà des discours, il serait intéressant d'envisager une mesure de la maturité collaborative réelle et de son efficacité dans les organisations.

Le manager « sans frontières »

Partant du constat que nous vivons en communautés du fait de croyances, de langues et de pratiques différentes, ce mode de vie conduit à construire des barrières qui limitent notre capacité à travailler avec les autres et à reconnaître de la richesse dans leurs différences. Il est donc difficile de créer des liens entre ces frontières et cette logique de la création de liens constitue leur apport. Il est question de trouver une compréhension commune, une convergence des buts et des pratiques afin d'aligner les ressources avec les objectifs et de générer une implication des agents organisationnels au-delà des frontières entre les groupes.

Ces frontières sont au nombre de cinq :
- verticales (hiérarchiques),
- horizontales (fonctionnelles) qui sont les plus importantes,
- en termes de partie prenante (réceptivité à leur influence),
- démographiques (âge, sexe, origine, niveau d'éducation),
- géographiques (du fait de la dimension internationale des organisations).

Les pratiques[6] dont il est question concernent les fondements de la facilitation (nouvelles manières de travailler ensemble, encouragement à l'apprentissage), et consistent en particulier à faciliter les relations. Il est question de :
- buffering (amortir les différences pour créer de la sécurité),
- reflecting (pour susciter le respect),
- connecting (pour construire de la confiance),
- mobilizing (pour développer un esprit de communauté),
- weaving (créer de l'interdépendance),
- transforming (permettre de réinventer une communauté).

---

6. C. Ernst & D. Chrobot-Mason, Boundary Spanning Leadership: Six Practices for Solving Problems, Driving Innovation, and Transforming Organizations, McGraw Hill, New-York, 2011

Le manager transformationnel

Cet apport peut être considéré comme le plus établi des dernières « théories », en fondant une vision considérée comme étant une autre représentation de l'organisation. Le manager transformationnel porte la vision de ce qu'elle pourrait et devrait être, construisant la proximité entre leadership et une autre question de l'Organizational Behavior, celle du changement organisationnel.

Selon Bennis et Nanus[7], les qualités d'un leader transformationnel sont les suivantes :
- la capacité à élaborer une vision séduisante de l'avenir de l'organisation,
- la capacité à faire partager une vision,
- la capacité à susciter la confiance,
- la capacité à se réaliser en ayant confiance en soi.

Le manager "challenge"

Kouzes et Posner[8] identifient cinq notions de référence que sont :
- montrer la voie,
- inspirer une vision partagée,
- stimuler le processus,
- rendre les autres capables d'agir,
- encourager à avoir du cœur.

Ils postulent également que le leadership n'est pas quelque chose d'inné mais quelque chose qui s'apprend à partir de trajectoires différentes suivant que les individus sont introvertis et/ou extravertis.

---

7. W. Bennis & B. Nanus, *Leaders: The Strategies for Taking Charge*, Harper & Row, New York, 1985
8. J. M. Kouzes & B. Z. Posner, *The Leadership Challenge: How to Get Extraordinary Things Done in Organizations*, Jossey-Bass, San Francisco, 1987

Les introvertis devraient acquérir de la quiétude dans leur engagement avec les autres et les extravertis apprendre à partager leurs idées. Les leaders partageraient ainsi trois traits de personnalité, la capacité à construire une vision du futur, l'inspiration et la compétence; traits auxquels les auteurs ajoutent l'importance cruciale de l'honnêteté. Ils ont outillé leur démarche en développant la LPI (Leadership Practices Inventory) qui est un outil d'auto-évaluation.

NE PLUS VOULOIR ÊTRE MANAGER

Les résultats sont sans équivoque, le rôle de manager ne fait plus rêver et pourtant il nous faudra toujours des managers dans les organisations. Il est donc utile de se préoccuper de l'actualité, et surtout de l'avenir de ce rôle de manager, et de mettre en place des solutions organisationnelles, RH et de formation initiale pour redonner envie à des personnes de devenir manager.

Devenir manager n'est plus le rêve ultime. Seuls 5 % des personnes interrogées sont d'accord.

DEVENIR MANAGER ! LE RÊVE ULTIME

PAS DU TOUT D'ACCORD	25 %
PLUTÔT PAS D'ACCORD	32 %
NI D'ACCORD NI PAS D'ACCORD	38 %
PLUTÔT D'ACCORD	5 %
TOUT À FAIT D'ACCORD	0 %

En parallèle, seuls 13 % des répondants estiment qu'on pourra fonctionner sans manager !

DEMAIN, ON POURRA FONCTIONNER SANS MANAGER

PAS DU TOUT D'ACCORD	23 %
PLUTÔT PAS D'ACCORD	52 %
NI D'ACCORD NI PAS D'ACCORD	12 %
PLUTÔT D'ACCORD	9 %
TOUT À FAIT D'ACCORD	4 %

Les nouveaux enjeux du management selon l'APEC

Les managers sont à la recherche de nouveaux équilibres pour parvenir à concilier leurs différents rôles. Accaparés par de multiples tâches qui leur réclament de plus en plus de temps, les managers ont tendance à se focaliser sur leurs missions opérationnelles. Ils rencontrent également de nombreux dilemmes, au premier rang desquels la conciliation entre autonomie des équipes et contrôle de leur activité.

Selon une étude de l'APEC[9] publiée en janvier 2020, ces évolutions conduisent quatre managers sur dix à estimer que leur fonction est devenue plus difficile qu'avant, ce qui ne les empêche pas de continuer à s'y projeter.

---

9. https://corporate.apec.fr/home/nos-etudes/toutes-nos-etudes/nouveaux-enjeux-du-management.html

LES COMPÉTENCES **DE DEMAIN**

QUELLES SONT LES COMPÉTENCES DU MANAGER DE DEMAIN ?
(UNE OU PLUSIEURS RÉPONSES POSSIBLES)

Compétence	%
ACCOMPAGNER-CONSEILLER LES EQUIPES	22 %
ECOUTE-EMPATHIE	20 %
DONNER DU SENS	13 %
VEILLER-ANTICIPER	9 %
ADAPTABILITE	5 %
ANIMER-FEDERER	4 %
ÊTRE EXEMPLAIRE	2 %
AUTONOMIE	2 %

En prenant appui sur le référentiel des compétences en Management et Gestion des affaires[10], nous pouvons synthétiser l'ensemble des données recueillies lors de cette étude afin d'identifier les principales compétences attendues du manager de demain.

Les huit méta-compétences de la FNEGE :

1. Veiller/anticiper

2. Piloter/gérer

3. Contrôler/mesurer

4. Animer/fédérer

5. Développer/innover

6. Appliquer/respecter

7. Accompagner/conseiller

8. Communiquer/marketer

---

10. https://aunege.fr/statics/pdf/referentiel-competences-fnege-aunege.pdf

Nous faisons le choix d'orienter la présentation des principales compétences du manager de demain autour du développement d'un esprit de service renouvelé.

Cet esprit de service renouvelé peut alors se décliner en six niveaux sans aucune hiérarchie.

Le manager de demain est :
- au service du business,
- au service de sa direction/gouvernance,
- au service de son écosystème/de ses communautés,
- au service de son équipe en tant que collectif,
- au service de chaque personne de son équipe,
- au service de lui-même/de soi.

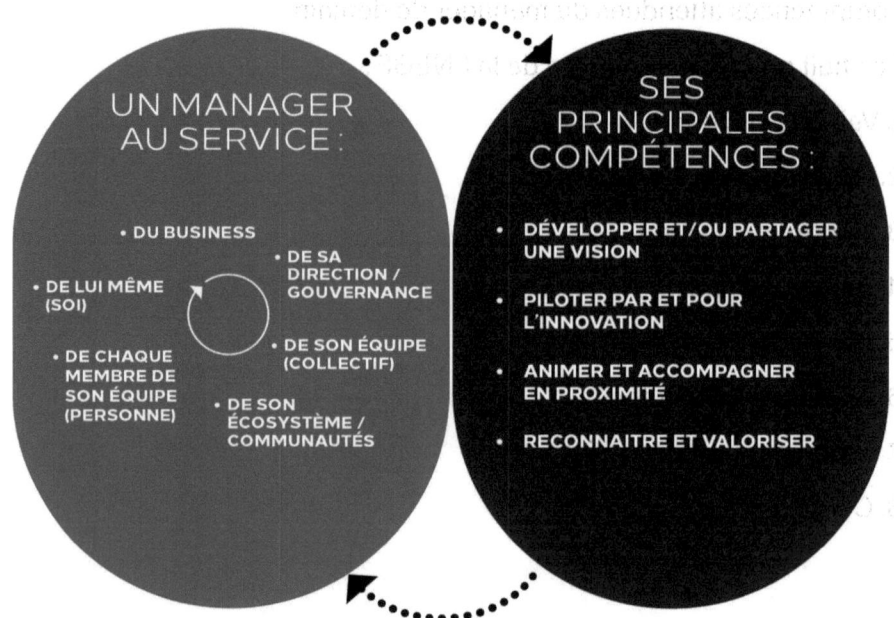

Un manager à l'esprit de service renouvelé développera de plus en plus de compétences liées à :

Un manager a l'esprit de service renouvelé développera de plus en plus de compétences liées à :

PARTIE 4

LES MANAGERS
DE DEMAIN

97

Pour présenter les pistes prospectives du manager de demain, nous avons choisi de distinguer trois mondes et de proposer trois scénarios pour chacun de ces mondes.

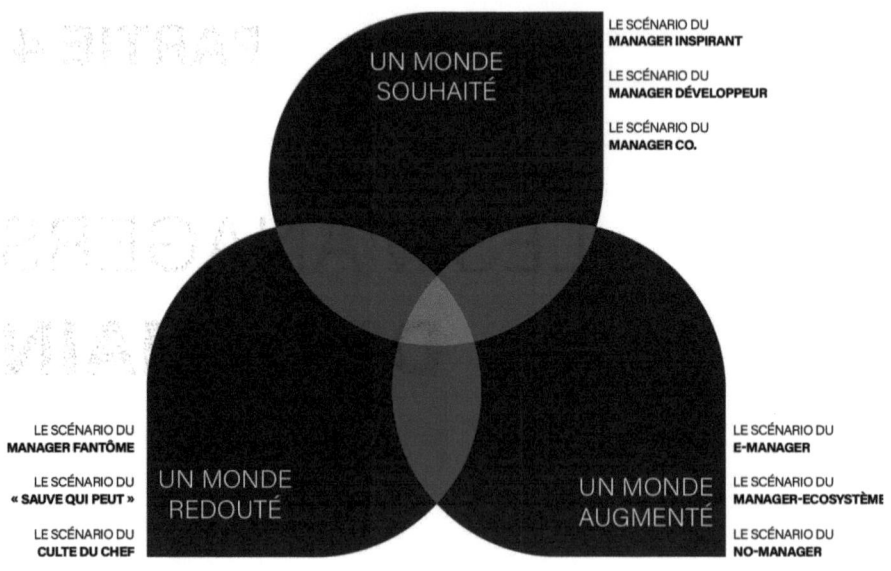

Au regard des données recueillies dans nos études, nous avons fait le choix de présenter chaque scénario en cinq temps :
- Définition,
- La déclinaison de l'esprit de service du manager,
- Ses principales compétences,
- Sa relation au temps,
- La déclinaison en fonction du type de manager.

UN MONDE SOUHAITÉ :
LE MONDE DES ÉQUILIBRES

Par monde souhaité, nous entendons un monde dans lequel les relations professionnelles permettent à chacun de se développer et de profiter de toutes les innovations technologiques pour innover dans tous les secteurs d'activités, tout en prenant en compte les enjeux environnementaux. Il y aurait ainsi une recherche permanente d'équilibre entre les enjeux du business, de l'environnement et de la qualité des relations humaines. C'est un monde dans lequel la passion professionnelle est au cœur de la motivation des collaborateurs, chacun cherchant à se réaliser par le travail tout en préservant un équilibre parfait entre l'investissement professionnel et la vie privée, l'aspect financier passant au second plan. Les salariés fixent librement l'organisation de leurs journées de travail et réalisent leurs activités, animés continuellement par un fort sentiment d'appartenance à l'organisation, rendu possible par des managers d'exception.

L'ÉCOSYSTÈME

La transition numérique

Dans ce monde souhaité, grâce au déploiement généralisé de formations adaptées, tout le monde est à l'aise avec le digital. De nombreuses initiatives permettent un réel accompagnement de chacun dans cette transition numérique. Le monde devient ainsi plus fluide, le télétravail avec des logiciels adaptés au travail collaboratif est facilité et permet d'offrir un accès au travail à distance lorsque la situation de travail est compatible.

La conscience environnementale

« Tous développement durable ! » tel est le slogan de ce monde souhaité qui prend à sa juste mesure les enjeux de développement et ses implications en termes de responsabilité sociale et environnementale. Moins de papier, travail à distance pour réduire les trajets individuels, mise en place d'un réseau de covoiturage, plus de transports doux... et une vraie conscience environnementale et sociale pour tous.

Le rapport au travail revisité

L'équilibre vie privée/vie professionnelle est harmonieux et rendu possible par un management participatif et bienveillant. Le manager sait à la fois fixer le cap, donner la vision, accompagner ses équipes et reconnaître le travail effectué.

Le renouveau relationnel

De bonnes relations avec l'ensemble de l'écosystème sont possibles. Que ce soit en interne ou avec les partenaires d'affaires, les communications se font en bonne intelligence. L'écoute active, la relation de confiance, l'impartialité, l'esprit d'équipe sont privilégiés et rendus possibles par la transparence et l'authenticité du manager sur les objectifs et les missions confiées.

L'influence permanente du marketing et de la communication

Toute la communication associée à la vie de l'organisation est liée à la vision partagée et à la raison d'être, qui se décline ensuite en actions opérationnelles. Il y a donc une cohérence globale des actions de valorisations tant en marketing de l'offre, RH ou de soi. Chacun sait développer les produits ou services, l'image employeur de son organisation et l'image de soi afin de se montrer comme un vrai ambassadeur de l'organisation.

La ré-invention des business models

En lien avec les mutations globales de l'écosystème, les business models sont régulièrement questionnés et adaptés. Une forte résilience des équipes dirigeantes mais également de l'ensemble des équipes permet de s'adapter en permanence, de développer des modes agiles et ainsi d'innover aussi bien dans le business, que socialement.

La transformation en question

En cohérence avec les mutations de l'écosystème et les évolutions du business, des plans de transformation sont co-construits avec l'ensemble des partenaires d'affaires internes et externes. Ces plans de transformation sont en phase avec la vision et raison d'être de l'organisation et sont ensuite déclinés en plans d'action compatibles avec les business models. L'aboutissement de l'ensemble des plans d'action et le développement de divers projets sont en permanence réactualisés en mode agiles afin de toujours être en prise avec les nécessaires adaptations liées soit au business, soit à l'écosystème global externe et interne.

Les nouvelles organisations du travail

Les organisations du travail sont souples, adaptables et co-construites. Les collaborateurs participent activement à la mise en place de nouvelles pratiques de travail évolutives en fonction des besoins. C'est la fin du « silo » et des organigrammes rigides, le mode projet est privilégié et des temps de concertation réguliers permettent de réguler et d'adapter les organisations tant aux besoins liés à l'activité qu'aux attentes des collaborateurs.

LE SCÉNARIO DU MANAGER INSPIRANT

Définition

Le manager inspirant est un manager visionnaire, qui est en permanence à la recherche d'idées nouvelles. Il est ouvert sur le monde et sur les autres. Son leitmotiv est la transformation. Il est inspiré par les mutations de l'écosystème et les impacts sur son activité et a pour objectif d'embarquer des collectifs ainsi que des personnes dans de belles histoires/aventures. Il a intégré les évolutions de l'écosystème et en mesure les risques. C'est un transmetteur de valeurs et de principes. Les valeurs qu'il diffuse touchent au respect de l'environnement, des salariés, du relationnel, avec une touche innovation importante tant dans les activités que dans le bien-être des collaborateurs et de leur reconnaissance.

Son esprit de service

- **Il est au service du business** : il sait faire la veille sur son métier, ses concurrents, le positionnement business de son organisation. Il pilote son activité en prônant l'innovation et la qualité de service.
- **Il est au service de sa direction/gouvernance** : il sait rendre compte, orienter et influencer les prises de décision au regard de son expertise situationnelle.
- **Il est au service de son écosystème/environnement** : il sait là aussi être en veille sur l'ensemble des partenaires d'affaires mais il sait aussi animer des réseaux et les accompagner dans les projets qu'ils initient.
- **Il est au service de son équipe en tant que collectif** : il sait animer son équipe et l'embarquer dans une belle aventure liée à la vision qu'il a du business et de son évolution. Il inspire l'équipe qui aime le suivre. Son leadership permet à l'équipe de grandir et de monter en compétences.

- **Il est au service de chaque personne de son équipe**: il sait accompagner chacun dans son propre développement. Il sait co-construire avec chacun des membres de son équipe et les équipes RH de belles trajectoires professionnelles pour ceux ou celles qui l'entourent. Il sait à la fois reconnaître les talents de chacun et les valoriser à leur juste valeur.
- **Il est au service de lui-même**: il sait développer son marketing et sa prospective de soi. Il construit sa trajectoire professionnelle en valorisant son expérience, ses réussites et échecs, ses équipes, etc.

Ses principales compétences

Développer et/ou partager une vision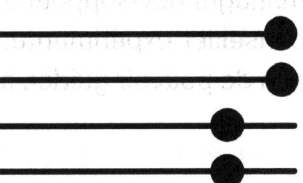
Piloter par et pour l'innovation
Animer et accompagner en proximité
Reconnaître et valoriser

Sa relation au temps

Il sait allier le temps long de la réflexion et le temps plus court de l'action pour faire en sorte d'inspirer au mieux tous ceux qui l'entourent.

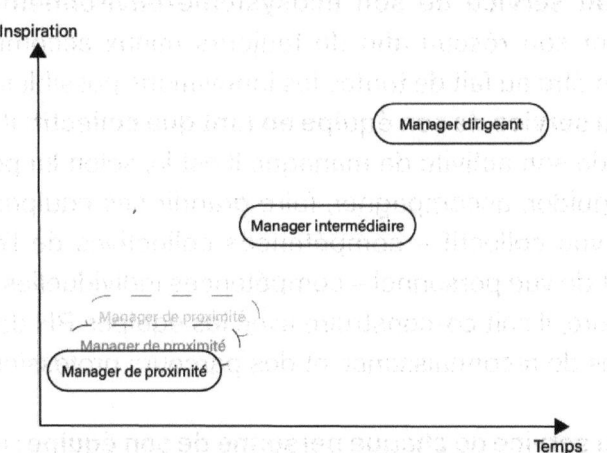

LE SCÉNARIO DU MANAGER DÉVELOPPEUR

Définition

Le manager développeur est un manager qui aime transmettre et valoriser les compétences de son équipe. Il attache beaucoup d'importance au développement des compétences, il aime faire grandir ses équipes. Il s'appuie sur le développement de l'organisation pour rechercher en permanence la meilleure adéquation entre les besoins actuels et à venir du business et les compétences de ses équipes. Le manager développeur est un mentor, c'est un guide attentif et sage, un conseiller expérimenté. Il conserve un bon niveau d'expertise métier afin de pouvoir guider, accompagner chaque membre de son équipe.

Son esprit de service

- **Il est au service du business** : il suit les évolutions afin de toujours rechercher le meilleur équilibre entre les besoins en compétences et celles réellement mobilisées par ses équipes.
- **Il est au service de sa direction/gouvernance** : il sait combiner vision stratégique et besoins en compétences.
- **Il est au service de son écosystème/environnement** : il sait développer son réseau afin de toujours mieux accompagner ses équipes et être au fait de toutes les innovations possibles.
- **Il est au service de son équipe en tant que collectif** : il en fait l'axe principal de son activité de manager. Il est là, selon lui pour faire en sorte de guider, accompagner, faire grandir ses équipes, tant d'un point de vue collectif – compétences collectives de l'équipe que d'un point de vue personnel – compétences individuelles de chacun. Pour se faire, il sait co-construire avec les équipes RH des solutions innovantes de reconnaissance et des parcours professionnels utiles à chacun.
- **Il est au service de chaque personne de son équipe** : il est aussi à l'écoute de chaque personne, dans sa diversité et globalité et essaye

dans la mesure du possible de reconnaitre, développer et valoriser le talent de chacun.

- **Il est au service de lui-même** : il sait qu'en développant les compétences des autres et en les valorisant, il grandit lui aussi. Il est mentor car bien souvent il a aussi un mentor dans son environnement proche et sait quels en sont les bienfaits.

Ses principales compétences

Développer et/ou partager une vision
Piloter par et pour l'innovation
Animer et accompagner en proximité
Reconnaître et valoriser

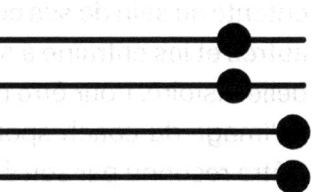

Sa relation au temps

Il sait allier le temps long de la réflexion et le temps plus court de l'action pour faire grandir au mieux tous ceux qui l'entourent.

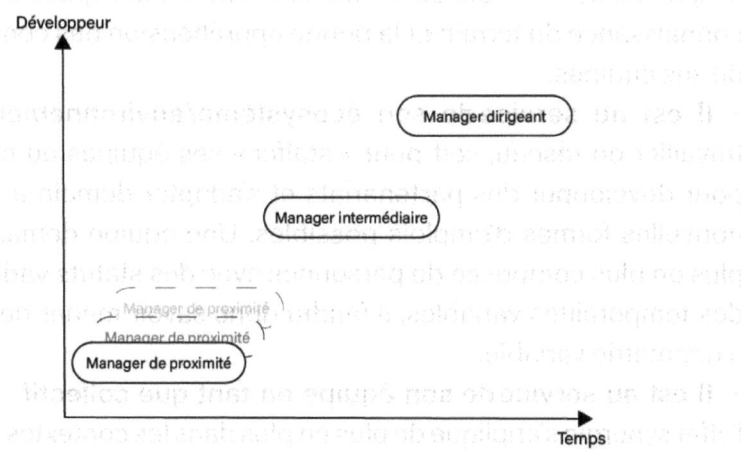

LE SCÉNARIO DU MANAGER CO

Définition

Le manager co est un manager disponible, à l'écoute, présent. Il aime son métier, et partage ses compétences. Il a un rôle d'écoute et de conseil, et non un rôle d'autorité. Il favorise une cohésion et une bonne entente au sein de ses équipes. C'est un meneur, il a de l'autorité sur les autres et les entraîne à sa suite dans une entreprise, une aventure, une belle histoire. Pour être manager valorisant le collectif et le collaboratif, à l'image du coach sportif, il faut avoir un fort leadership qui permet d'être reconnu par son équipe. L'équipe va alors croire en son manager et tout faire pour réussir les projets initiés.

Son esprit de service

- **Il est au service du business** : il a une bonne connaissance du terrain et a su développer une expertise reconnue pour entraîner avec lui toutes ses équipes.
- **Il est au service de sa direction/gouvernance** : il sait répondre aux exigences de sa direction et même les réorienter grâce à sa bonne connaissance du terrain et la bonne appréhension des compétences de ses équipes.
- **Il est au service de son écosystème/environnement** : il sait travailler en réseau, soit pour «staffer» ses équipes au mieux, soit pour développer des partenariats et s'adapter demain à toutes les nouvelles formes d'emplois possibles. Une équipe demain sera de plus en plus composée de personnes avec des statuts variés et avec des temporalités variables, il faudra donc savoir mener des équipes à géométrie variable.
- **Il est au service de son équipe en tant que collectif** : il sait que l'effet synergie s'applique de plus en plus dans les contextes incertains et que pour casser les fonctionnements en silos, seules de vraies dynamiques d'équipes projets/transversales permettent de satisfaire

aux exigences des contextes actuels et à venir.
- **Il est au service de chaque personne de son équipe** : il sait que chacun compte dans une équipe et que pour être un bon meneur, il faut à la fois viser le collectif et chacun de ses membres.
- **Il est au service de lui-même** : il sait que pour bien mener les autres, il faut déjà bien se mener « soi ». La façon dont chacun pilote sa trajectoire peut être le reflet de la façon de piloter, animer un collectif.

Ses principales compétences

Développer et/ou partager une vision
Piloter par et pour l'innovation
Animer et accompagner en proximité
Reconnaître et valoriser

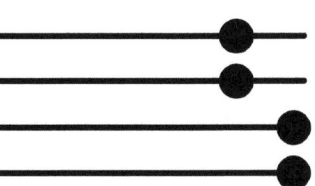

Sa relation au temps

Il sait allier le temps long de la réflexion et le temps plus court de l'action pour faire grandir au mieux tous ceux qui l'entourent.

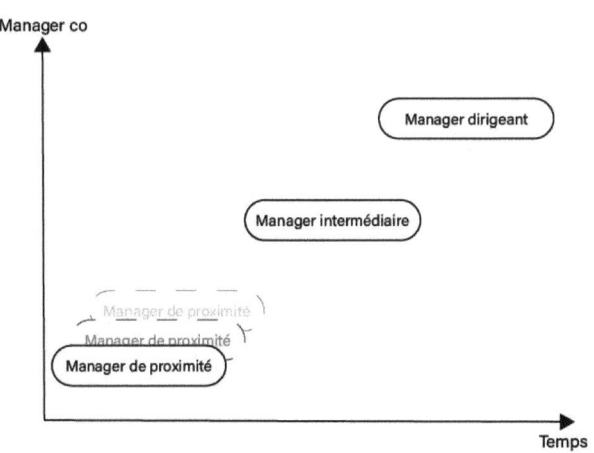

LE MONDE AUGMENTÉ :
LE MONDE DES NOUVELLES RELATIONS

Le monde augmenté prône le développement des relations, à la fois par un environnement de plus en plus hyper-connecté et également par un élargissement des réseaux, entre autres sur les territoires et en proximité. Les relations humaines sont favorisées à la fois par des solutions numériques innovantes qui facilitent les interactions, mais aussi par des volontés partagées sur les territoires et au sein des réseaux de plus de relations de proximité. Dans un tel monde, le management devient plus horizontal, la place du collaborateur est plus importante, les décisions sont prises collectivement. Le collaborateur est acteur dans l'organisation de travail, il est décideur de son emploi du temps. Le mot clé est la confiance, la liberté d'organisation concertée des collaborateurs.

L'ÉCOSYSTÈME

La transition numérique

Le monde augmenté prône une transition numérique généralisée et assumée. On vit dans un monde 4.0, hyper-connecté avec des outils innovants. Au-delà de la réalité virtuelle, c'est la réalité augmentée qui se développe permettant que des visuels se juxtaposent à l'environnement visible en superposition au monde réel. C'est également le monde où l'intelligence artificielle permet l'analyse de données massives, où le « cobot » permet l'association du collaboratif et du robot, et où le mode « plateforme » révolutionne les organisations du travail tant dans l'industrie que dans les services. Le « phygital » est au cœur des réflexions, la meilleure combinaison possible du physique et du digital.

La conscience environnementale

Les enjeux environnementaux sont au cœur des préoccupations, les solutions numériques innovantes permettent des bilans carbone instantanés de toutes nos actions. Le développement des territoires et des relations de proximité est associé à une recherche d'équilibre entre les aspects économiques, sociaux et environnementaux.

Le rapport au travail revisité

La liberté d'organisation concertée est au centre des préoccupations de chacun. Tout le monde serait au forfait jour, avec des plages horaires de travail plus grandes, le salarié travaillant quand il veut durant cette période. Le droit à la déconnexion est renforcé pour éviter d'empiéter sur la vie privée, et si la personne travaillait plus de 10 heures par jour, les systèmes provoqueraient des coupures à tous les accès de l'organisation. La fin du salariat de masse fait également partie de ce monde, avec des contrats de mission et une flexsécurité revisitée qui se met en place. La philosophie au travail est : tous entrepreneurs de sa trajectoire professionnelle et ce, avec une diversité de modalités pratiques (contrat de travail ou de missions/prestations, souplesse organisationnelle, etc.).

Le renouveau relationnel

Il y a beaucoup moins de contacts physiques, la proximité virtuelle est très importante. Les relations sont plus nombreuses mais prennent des formes hybrides (présentielles et à distance).

L'influence permanente du marketing et de la communication

Les actions de communication envers le monde extérieur ou en interne se développent et valorisent les collectifs et les projets. Les territoires du business sont redéfinis et les cibles redéfinies en conséquence. L'information en temps réel est la norme avec des systèmes intelligents qui permettent à chacun de personnaliser les accès, en fonction de ses centres d'intérêts.

La ré-invention des business models

Le monde augmenté par des solutions numériques, des capacités renouvelées d'analyse et de traitement des données combinées avec des enjeux de nouveaux territoires d'actions aide à redéfinir des business models plus en phase avec des besoins plus simples, plus sincères et plus en « proximité ». Les chaînes de valeur sont plus courtes, les relations directes entre producteurs de biens, de services et clients, consommateurs, bénéficiaires sont privilégiés. Les intermédiaires sont diminués au maximum.

La transformation en question

Les projets de transformation s'incarnent dans des plans d'actions opérationnels et sont associés à des solutions numériques performantes.

Les nouvelles organisations du travail

Les espaces de co-working se développent. Les organisations deviennent des « hôtels à projets ». Le management est hybride, en présentiel et à distance. On valorise l'autonomie, l'agilité, le mode projet avec une recherche permanente d'amélioration continue et de collégialité et convivialité.

LE SCÉNARIO DU E-MANAGER

Définition

Le e-manager est un manager qui sait s'approprier toutes les solutions digitales innovantes et qui s'assure que leur utilisation facilite la vie de chacun. Il fait de la veille sur tous les outils adaptés à son environnement de travail et à celui de son équipe. Il réalise régulièrement des diagnostics de maturité digitale afin de faire progresser chaque membre de son équipe sur les outils adaptés à la situation de travail. Il valorise les initiatives et les propositions d'améliorations liées à l'organisation du travail. Il manage ses équipes de façon hybride, en présentiel et à distance. Il sait être à l'écoute et en proximité, peu importe la modalité. Il travaille en toute transparence, est à l'écoute, a une disponibilité accrue. Il est moins dans le contrôle et plus dans la confiance accordée au collaborateur.

- Option 1 : Il peut être assisté d'un chatbot pour aider ses équipes sur des points particuliers.
- Option 2 : À terme, il peut être remplacé par un robot humanoïde.

Son esprit de service

- **Il est au service du business** : il veille sur les solutions digitales les plus appropriées à son environnement de travail.
- **Il est au service de sa direction/gouvernance** : il fait progresser ses équipes en lien avec les projets stratégiques.
- **Il est au service de son écosystème/environnement** : il développe des solutions innovantes pour faciliter les relations avec l'ensemble de son écosystème.
- **Il est au service de son équipe en tant que collectif** : il met en place des outils collaboratifs et les fait évoluer en fonction des besoins et des pratiques de l'équipe.
- **Il est au service de chaque personne de son équipe** : il développe la maturité digitale et les compétences associées de chacun.

- **Il est au service de lui-même** : il a une vision des solutions digitales les plus appropriées et est en veille permanente sur ces sujets.

Ses principales compétences

Développer et/ou partager une vision
Piloter par et pour l'innovation
Animer et accompagner en proximité
Reconnaître et valoriser

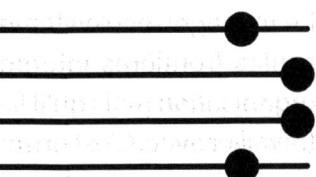

Sa relation au temps

Il sait allier le temps long de la réflexion et le temps plus court de l'action pour proposer à ceux qui l'entourent les solutions digitales les plus performantes.

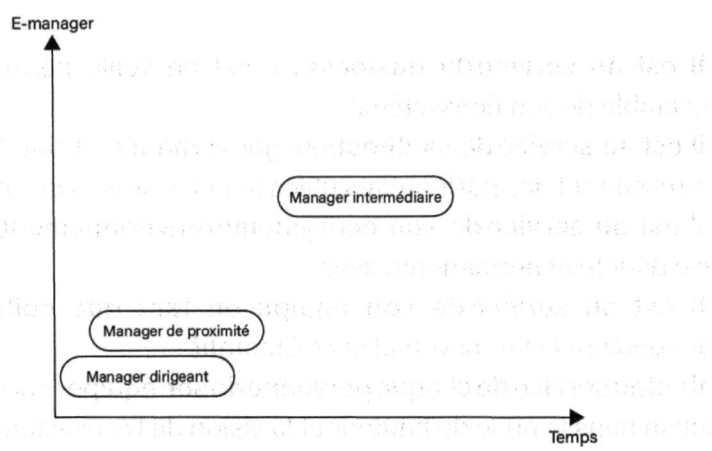

LE SCÉNARIO DU MANAGER-ÉCOSYSTÈME

Définition

Le manager-écosystème a compris que manager ne se limite plus aux seules frontières internes de son service, de sa direction ou de son organisation mais qu'il faut de plus en plus délimiter son écosystème et travailler avec. C'est un manager de réseau qui développe son relationnel en interne et en externe. Il sait constituer sa carte des alliés, connait bien ses territoires d'action et tous les enjeux associés. Il valorise la transversalité dans toutes ses actions et sait s'entourer des personnes les plus compétentes et utiles au regard de ses missions. Il est dans une approche de gouvernance interne et externe et sait valoriser l'ensemble de ses parties prenantes.

Son esprit de service

- **Il est au service du business** : il est en veille permanente de l'ensemble de son écosystème.
- **Il est au service de sa direction/gouvernance** : il sait développer des réseaux et des partenariats utiles pour les projets qu'on lui confie.
- **Il est au service de son écosystème/environnement** : il est en prise directe et permanente avec.
- **Il est au service de son équipe en tant que collectif** : son management est transversal et collaboratif.
- **Il est au service de chaque personne de son équipe** : il accompagne chacun dans la prise de hauteur et la vision de l'écosystème.
- **Il est au service de lui-même** : il développe son réseau et ses relations.

Ses principales compétences

Développer et/ou partager une vision
Piloter par et pour l'innovation
Animer et accompagner en proximité
Reconnaître et valoriser

Sa relation au temps

Il sait allier le temps long de la réflexion et le temps plus court de l'action pour développer les réseaux et valoriser son écosystème pour le bien de l'organisation.

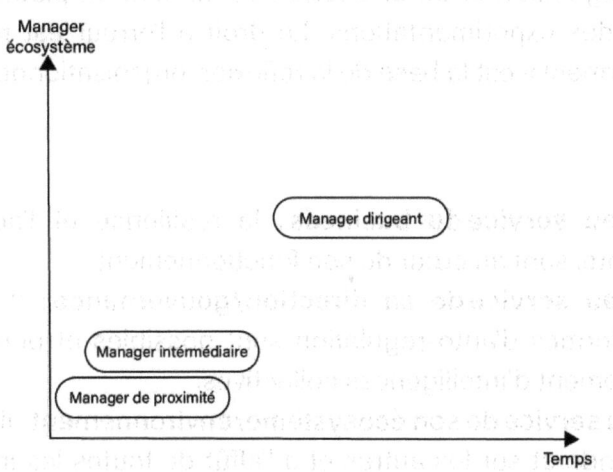

LE SCÉNARIO DU NO-MANAGER

Définition

Ce scénario incarne la fin du management au sens classique dans la mesure où tout le monde deviendrait à la fois son propre manager et le manager des autres. Dans un monde où tous les collaborateurs ont des compétences de manager, chacun peut en fonction des besoins, du moment, de ses appétences, etc. manager à tour de rôle un projet. Le mode collaboratif et coopératif est au cœur de l'organisation du travail. Ce monde du « tous manager » est un monde d'auto-régulation. La hiérarchie s'efface au profit de la transversalité et du projet. Des temps de régulation et de discussion se mettent en place pour tirer les leçons des expérimentations. Le droit à l'erreur est reconnu et l'« empowerment » est la base de la réflexion organisationnelle.

Son esprit de service

- Il est au service du business : la résilience et l'adaptabilité permanente, sont au cœur de son fonctionnement.
- Il est au service de sa direction/gouvernance : il démontre que des formes d'auto-régulation sont possibles et permettent le développement d'intelligences collectives.
- Il est au service de son écosystème/environnement : il est ouvert sur le monde et sur les autres et à l'affût de toutes les innovations managériales.
- Il est au service de son équipe en tant que collectif : il valorise l'équipe et reconnaît toutes les initiatives utiles à l'action.
- Il est au service de chaque personne de son équipe : chacun se trouve valorisé et développe ses compétences en management.
- Il est au service de lui-même : il se remet en question et innove en pratiques managériales.

Ses principales compétences

Développer et/ou partager une vision
Piloter par et pour l'innovation
Animer et accompagner en proximité
Reconnaître et valoriser

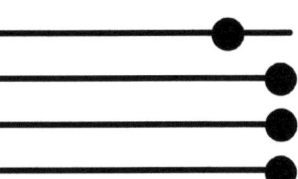

Sa relation au temps

Il sait allier le temps long de la réflexion et le temps plus court de l'action pour proposer des innovations managériales.

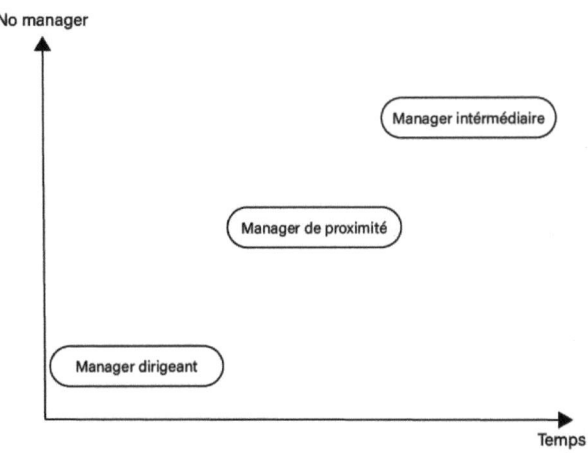

LE MONDE REDOUTÉ :
LE MONDE DES EXCÈS

Dans le monde redouté, les excès viennent perturber le bon fonctionnement des organisations. Ce monde suscite l'angoisse, l'appréhension de travailler et les risques psychosociaux. Les collaborateurs sont stressés, leur santé mentale est affectée et leur démotivation au plus haut niveau. Les risques environnementaux sont présents et pesants. La relation à l'incertitude est mal appréhendée et génère des comportements déviants. Les visions de l'avenir sont difficiles à cerner. Les équipes dirigeantes ne font plus rêver et ne donnent pas une vision optimiste et constructive du champ des possibles. Les changements font peur, les accompagnements managériaux ne sont pas au rendez-vous, les conditions de travail se dégradent et chacun a du mal à se positionner.

L'ÉCOSYSTÈME

La transition numérique

Les solutions numériques ne sont pas des plus performantes et sont associées à des pannes informatiques, à de l'espionnage industriel, à des outils ou logiciels lents, à du piratage, à des actions de cybercriminalité, etc.

La conscience environnementale

Les catastrophes naturelles se multiplient, le réchauffement climatique est mal géré, l'inconscience environnementale génère des gaspillages, des abus, des risques accrus.

Le rapport au travail revisité

Le travail ne fait plus rêver et les collaborateurs en font le moins possible. La motivation est centrée sur le hors travail. Les perspectives de développement des compétences et de nouvelles trajectoires professionnelles ne sont pas claires et mal gérées.

Le renouveau relationnel

La généralisation du télétravail provoque des manques de communication, d'écoute. Un mauvais climat social se généralise avec des surcharges de travail ou une sous-charge de travail. Les situations de born-out, bore-out ou brown-out sont fréquentes. En effet, les collaborateurs sont soit en bore-out, qui est un épuisement du salarié par ennui, ou en au burn-out, le collaborateur est vidé de son énergie du fait de l'amplitude de sa tâche et de la pression qu'il subit, ou encore en brown-out, totalement démotivé et désengagé.

L'influence permanente du marketing et de la communication

Chacun essaie de se valoriser personnellement. Il y a une accentuation de la « starisation » de chacun sans aucune cohérence. On est dans un monde du paraître, du scoop, de l'individualisme exacerbé.

La ré-invention des business models

Les adaptations aux évolutions de la société sont difficiles à mettre en place et de ce fait des concurrences accrues et parfois déloyales se mettent en place.

La transformation en question

Les plans de transformation se limitent à de beaux discours des directions générales qui profitent de ces sujets pour se valoriser personnellement et gérer ainsi leur propre évolution personnelle. Ces équipes de directions générales sont réfractaires à la conduite du changement, et plus centrées sur leur évolution personnelle que sur le développement de l'organisation et du business.

Les nouvelles organisations du travail

Les organisations du travail n'évoluent pas. La résistance au changement est grande et peu d'initiatives voient le jour. La hiérarchie est pesante et les conditions de travail se dégradent.

LE SCÉNARIO DU MANAGER FANTÔME

Définition

Le manager fantôme n'impose rien et laisse tout faire, ne donne aucune indication, ne propose pas de réunion ou de temps précis pour échanger/communiquer, ne contribue pas à faire avancer les missions, ne s'implique pas dans les missions, n'aide pas ses salariés en cas de problème/pas de soutien. C'est un manager absent qui n'arrive pas à assumer son rôle de manager. Il fonctionne sur le mode « pas de vagues ».

Son esprit de service

- Il est au service du business : en satisfaisant à minima les objectifs du business.
- Il est au service de sa direction/gouvernance : si celle-ci est sur le même modèle.
- Il est au service de son écosystème/environnement : non, car il est peu en prise avec son écosystème.
- Il est au service de son équipe en tant que collectif : non, car il est peu présent.
- Il est au service de chaque personne de son équipe : non, car il est peu présent.
- Il est au service de lui-même : non, car il ne travaille pas son développement de compétences managériales.

Ses principales compétences

Développer et/ou partager une vision
Piloter par et pour l'innovation
Animer et accompagner en proximité
Reconnaître et valoriser

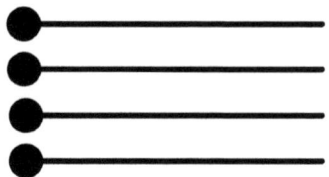

Sa relation au temps

Il ne sait ni allier le temps long de la réflexion ni le temps plus court de l'action pour manager son équipe.

Aucun des managers, ni le manager de proximité, ni le manager intermédiaire, ni le manager dirigeant ne doit être un manager fantôme.

LE SCÉNARIO DU MANAGER « SAUVE QUI PEUT »

Définition

C'est un manager en souffrance. Il est dépassé, il n'arrive pas à faire la différence entre la vie privée et la vie professionnelle. Il est trop sollicité par ses équipes, il n'arrive pas à gérer les nouvelles technologies, et n'organise pas le travail correctement. Ses équipes n'ont plus confiance en lui et les risques psycho-sociaux augmentent. Il est en contradiction entre les attentes de la direction et les possibilités du terrain. Il doit faire face parfois à un manque de compétences de ses équipes, et il n'a pas le soutien et la reconnaissance de la part de sa hiérarchie. Il s'use à régler les problèmes, les situations d'urgence. Il est tiraillé entre les objectifs à atteindre et les problèmes de gestion du quotidien.

Son esprit de service

- **Il est au service du business** : en essayant de répondre le mieux possible aux objectifs.
- **Il est au service de sa direction/gouvernance** : en prenant sur lui pour faire de son mieux, au risque de sa santé.
- **Il est au service de son écosystème/environnement** : en faisant de son mieux.
- **Il est au service de son équipe en tant que collectif** : en étant toujours présent et disponible même s'il s'essouffle.
- **Il est au service de chaque personne de son équipe** : en étant proche de chacun mais de plus en plus en « surchauffe ».
- **Il est au service de lui-même** : non, car il est en train de perdre pieds.

Ses principales compétences

Développer et/ou partager une vision
Piloter par et pour l'innovation
Animer et accompagner en proximité
Reconnaître et valoriser

Sa relation au temps

Il est perdu entre les injonctions complexes et parfois contradictoires entre le terrain, son équipe, sa direction et le business.

Aucun des managers, ni le manager de proximité, ni le manager intermédiaire, ni le manager dirigeant ne doit être un manager « Sauve qui peut ».

LE SCÉNARIO DU MANAGER « CULTE DU CHEF »

Définition

C'est un manager excessif, qui veut tout savoir et tout contrôler. Il ne laisse aucune liberté à ses équipes et impose des orientations incohérentes. Il peut aussi « enterrer » des dossiers qui ne lui conviennent pas. Il cherche avant tout à se valoriser personnellement et peut même développer des stratégies malveillantes. Il ne sait pas gérer les conflits et en est bien souvent à l'origine. Il demeure de façon immuable dans une logique du "command and control".

Son esprit de service

- **Il est au service du business** : non car il est centré sur ses propres stratégies.
- **Il est au service de sa direction/gouvernance** : non, sauf si elle développe le même modèle.
- **Il est au service de son écosystème/environnement** : non, car il minimise les relations, surtout externes.
- **Il est au service de son équipe en tant que collectif** : non, car il génère du stress et freine l'activité.
- **Il est au service de chaque personne de son équipe** : non, car il peut détruire des personnes, surtout les plus fragiles.
- **Il est au service de lui-même** : non, car il n'est même pas conscient qu'il s'autodétruit.

Ses principales compétences

Développer et/ou partager une vision
Piloter par et pour l'innovation
Animer et accompagner en proximité
Reconnaître et valoriser

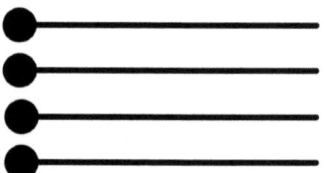

Sa relation au temps

Il ne sait pas allier le temps long de la réflexion et le temps plus court de l'action. Il est auto-centré sur sa personne et ses stratégies personnelles.

Aucun des managers, ni le manager de proximité, ni le manager intermédiaire, ni le manager dirigeant ne doit être un manager « culte du chef ».

VERS UN MANAGER
FULL HYBRIDE

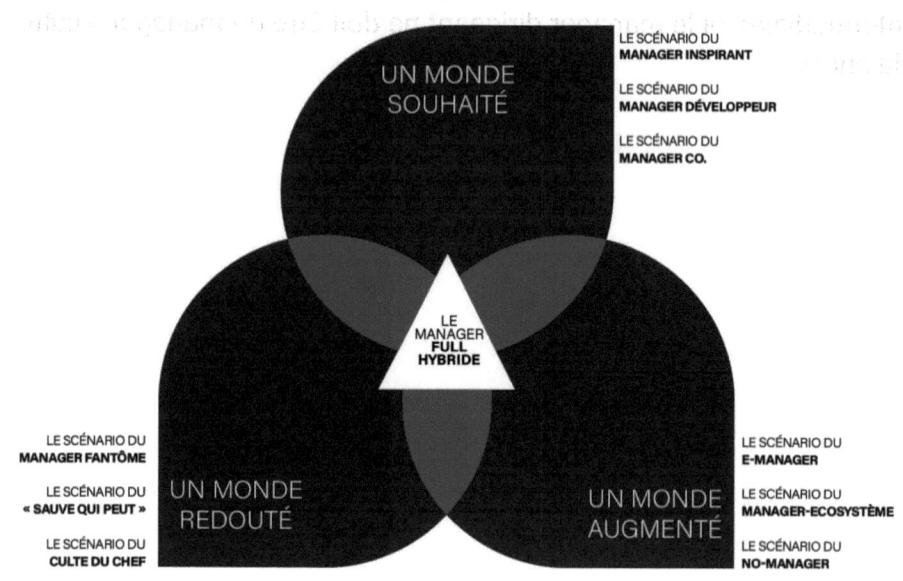

À la lecture des différents scénarios de notre étude, nous pouvons, en guise de synthèse et d'ouverture pragmatique, proposer le scénario du manager « full hybride ». Ce scénario peut être adopté par chaque manager en situation réelle de management. En effet, l'apport d'une étude prospective est d'ouvrir sur le champ des possibles, puis d'aider à la prise de décision et/ou de position.

Concernant les postures et rôles du manager décrits dans nos trois mondes et nos neuf scénarios, nous pouvons imaginer qu'en situation effective de management, chacun pourra « hybrider » tout ou partie de ces scénarios afin de bien adapter son style de management à son contexte et à sa personnalité.

Dans la littérature managériale, le terme de manager hybride est associé par Dejoux[1] à : « ce manager du nouveau normal, celui qui sait manier les quatre modes : le présentiel, le distanciel, le phygital et bien sûr le virtuel ou le métavers ». C'est également l'approche retenue par Frimousse et Peretti[2] ou encore par Besseyre des Horts, Autissier et Peretti[3] dans leur ouvrage collectif. Afin d'avoir une vision plus englobante de l'hybridation au sens de Halpern[4], nous élargissons donc la conception du manager hybride.

Au regard de nos scénarios, le manager hybride n'est pas seulement celui qui sait jongler entre le présentiel et le distanciel mais c'est celui qui sait s'adapter à ce monde en profonde transformation que nous avons présenté en première partie de notre étude.

Nous le qualifions de manager « full hybride » car il sait ou saura de mieux en mieux combiner les différents rôles et les différentes postures en fonction des situations. C'est un manager « métamorphose » en quelque sorte.

En reprenant les travaux de Halpern, nous appréhendons cette vision globale de l'hybridation. En effet, elle propose : « l'analyse d'une grande tendance du monde qui vient, à savoir l'hybridation. L'hybridation se définit comme le "mariage improbable", c'est-à-dire que c'est le fait de mettre ensemble des choses, des secteurs, des produits ou des services, des activités, des métiers, des personnes, des cultures, des usages, des compétences, des matériaux, des générations, des parcours qui, *a priori*, n'avaient pas grand-chose à voir ou à faire ensemble, voire qui pouvaient sembler contradictoires, et qui, réunis, vont donner lieu à des tiers-usages, des tiers-lieux, des tiers-objets, des tiers-matériaux, des tierces-cultures, des tiers-modèles... à de nouveaux

---

1. Dejoux C., les cinq compétences du manager hybride, in Cécile Dejoux, CNAM - Les cinq compétences du manager hybride, Stratégies & Management, 2022
2. Frimousse S. et Peretti J.M. « Quel style de management dans l'organisation post-Covid ? », Question(s) de management, vol. 34, no. 4, 2021
3. Besseyre des Horts C.H., Autissier D. et Peretti J.M., Travail & organisation hybride. Organiser le travail et manager en mode Présentiel / Distanciel, MA Éditions ESKA, 2021
4. Halpern G. (2020), Tous centaures ! Éloge de l'hybridation, éditions Pommier, 2020

mondes, en somme ! De nombreux signaux faibles témoignent de ce que l'hybridation pourrait bien devenir la grande tendance du monde qui vient ; or, cette tendance remet beaucoup de choses en question et nécessite de sortir des cases existantes. Rien n'y échappe : les objets, les territoires, les matériaux, les produits et les services, les modes de consommation et de commercialisation, l'agriculture, les entreprises ou les institutions publiques, les métiers, les bâtiments, les manières d'innover et de travailler, l'éducation, etc. Nous assistons à l'émergence de nouvelles combinaisons et re-combinaisons ; nous entrons à l'ère des mariages improbables ! »

Cette invitation à l'hybridation, à ces « mariages improbables » de Halpern, représente une grille d'ouverture vers un renouveau managérial. S'il y a une urgence managériale, une urgence à repenser les rôles, les postures et les pratiques managériales, il convient de l'appréhender dans sa globalité et en cohérence avec ce monde en transformation. Il serait donc souhaitable de s'approprier cette grille de lecture prospective comme un outil de diagnostic managérial afin de pouvoir accompagner ensuite chaque manager dans un développement de ses compétences managériales.

Appliquée au management, l'hybridation représente certainement cette opportunité qu'il nous faut maintenant saisir dans chacune de nos organisations afin de pouvoir réellement les transformer. Cette hybridation peut se décliner à trois niveaux

L'hybridation des scénarios

Chacun peut s'inspirer de ces différents scénarios afin de composer ou recomposer en permanence en fonction des circonstances son propre style « hybridé ». Le manager « full hybride » pourra puiser dans un ou plusieurs mondes, dans un ou plusieurs scénarios.

Nous espérons que les scénarios du monde redouté soient, à l'avenir, de moins en moins inspirants ! Même si on peut légitimement en douter à l'aune des derniers événements géopolitiques (guerre en Ukraine), économiques (montée de l'inflation, augmentation du prix de l'énergie, du poids de la dette, de la pression fiscale, etc.).

En effet, si le manager « sauve qui peut » peut parfois s'expliquer et se justifier sur courte période, le manager « fantôme » ne devrait plus exister, tout comme le manager « culte du chef », malheureusement encore trop présent dans nos organisations.

L'hybridation de l'esprit de service

Si la littérature en management considère que le manager est au service de ses équipes, notre étude a permis une hybridation de cet « esprit de service » en six dimensions. C'est au manager de choisir la meilleure hybridation possible, en fonction du contexte et des enjeux, pour être au service :
- du business ;
- de sa direction/gouvernance ;
- de son écosystème/environnement ;
- de son équipe en tant que collectif ;
- de chaque personne de son équipe ;
- de lui-même.

L'hybridation des compétences

Nous avons mis en avant quatre méta-compétences clés :
- développer et/ou partager une vision,
- piloter par et pour l'innovation,
- animer et accompagner en proximité,
- reconnaître et valoriser.

Là encore, en fonction des situations, des formes d'hybridation de compétences sont possibles en y intégrant en plus des compétences plus transversales ou soft.

Halpern rappelle que l'hybridation « suscite un malaise dans la société, parce que les choses, les situations, les êtres, qui entraient jusqu'à présent dans nos cases n'y entrent plus et toutes nos définitions volent en éclat... Or, cette hybridation peut aussi être le meilleur moteur de la créativité et de l'innovation ! Oui, l'hybridation est une véritable chance pour les êtres humains, pour les entreprises et les institutions publiques et pour la société, à condition que nous apprenions à l'apprivoiser... ».

Cette synthèse nous invite à apprivoiser ces transformations managériales car le management se pense et s'organise. C'est de la responsabilité des équipes de directions générales de les initier pour réussir les transformations en cours. C'est également de la responsabilité de chacun, en situation de management, de savoir jouer avec ces différentes combinaisons, ces « mariages improbables » pour manager au mieux au regard des transformation en cours.

Il ne peut y avoir de transformation sans transformation managériale et il ne peut y avoir de transformation managériale sans hybridation !

Alors tous managers « full hybride » !

PARTIE 5

L'ACCOMPAGNEMENT DES MANAGERS

PARTIE 5

L'ACCOMPAGNEMENT DES MANAGERS

LA FORMATION INITIALE ET **CONTINUE**

Lors de notre étude, de nombreuses discussions ont pointé le manque de formation pragmatique en management, particulièrement dans les programmes de formation initiale et continue. Il serait donc souhaitable de prendre le temps de « re-penser » les enseignements en management pour :

- revisiter le patrimoine en théorie des organisations afin de développer une culture générale en management, mais aussi pour avoir un regard critique et constructif sur toutes les modes managériales véhiculées sans socle sérieux, bien souvent par des vendeurs de solutions sur étagère ;
- développer des innovations pédagogiques afin de mettre en pratique dans les formations initiales et continues des situations réelles de management. Les innovations liées à la ludification/gamification des formations représentent une piste encore insuffisamment valorisée. Le jeu peut en effet être une belle occasion de bien appréhender toutes les facettes des situations managériales, des enjeux, des postures à adopter, etc. ;
- valoriser les volumes horaires dédiés au management avec une vision prospective des transformations du monde et des impacts sur l'organisation, le management et les solutions à envisager ;
- innover en termes de pédagogie et par exemple proposer une formation basée sur de la littérature de contenus de textes anciens et philosophiques et d'en tirer des enseignements.

Point de vigilance : la valorisation des travaux de recherche appliquée en management

Au-delà des effets de modes managériales, de nombreux chercheurs, en France en particulier, conduisent des recherches qui ne sont pas suffisamment connues des praticiens. Il faut donc veiller à une valorisation de ces travaux par des écrits de traduction opérationnelle de ces recherches. Il en va de l'intérêt des deux parties : praticiens en organisation et chercheurs afin de co-construire des solutions adaptées et innovantes.

Les recherches de type recherche-intervention sont également à développer en amont afin de profiter du regard de chercheurs et ainsi de pouvoir, en situation, développer des regards croisés renouvelés et mettre en pratique des solutions réfléchies et contextualisées.

TOUTES LES FORMATIONS INITIALES DOIVENT INTÉGRER DES ENSEIGNEMENTS PRAGMATIQUES EN MANAGEMENT

PAS DU TOUT D'ACCORD	0 %
PLUTÔT PAS D'ACCORD	5 %
NI D'ACCORD NI PAS D'ACCORD	12 %
PLUTÔT D'ACCORD	44 %
TOUT À FAIT D'ACCORD	39 %

LES PRATIQUES **RH**

En situation, le manager ne bénéficie pas toujours d'un accompagnement lui permettant de développer ses compétences managériales. En fonction de la taille de l'organisation et de son secteur, public ou privé, entre autres, les réalités sont très contrastées. Les situations de coaching, individuel ou collectif, de co-développement, de mentorat, de partage d'expériences, etc. sont bien entendu à favoriser avec des prestataires de qualité.

Il faut cependant être vigilant quant à la mise en place de toutes ces actions et surtout à leur cohérence. Comme dans tout domaine, une politique managériale avec une vraie vision des attendus et des moyens à déployer devrait exister.

Quelques principes de base sont peut-être bons à rappeler :
- Un diagnostic de la situation (Que faisons-nous aujourd'hui pour nos managers ?) ;
- La définition d'une politique managériale (qui peut comprendre une charte managériale, un référentiel de compétences managériales, une évaluation et un système de reconnaissance associé, etc.) ;
- Une mise en œuvre pour tous avec des retours d'expériences.

Bien entendu, tous ces principes ne peuvent se concevoir que dans une logique de co-construction avec tous les acteurs concernés. Finies les pratiques descendantes co-construites en « chambre » par des soi-disant sachants !

Proposition de valeur : construire à partir de nos scénarios une grille de maturité managériale
Esprit de Service France

Cette grille permettrait d'évaluer la ou les cibles attendues et de positionner les personnes afin de construire des plans personnalisés de développement de compétences managériales adaptées.

IL FAUT CONSTRUIRE DES SOLUTIONS INNOVANTES D'ACCOMPAGNEMENT DU MANAGER DE DEMAIN

PAS DU TOUT D'ACCORD	0 %
PLUTÔT PAS D'ACCORD	3 %
NI D'ACCORD NI PAS D'ACCORD	15 %
PLUTÔT D'ACCORD	45 %
TOUT À FAIT D'ACCORD	37 %

LE COACHING COLLECTIF AMÉLIORE LA PERFORMANCE DU MANAGER DE DEMAIN

PAS DU TOUT D'ACCORD	2 %
PLUTÔT PAS D'ACCORD	1 %
NI D'ACCORD NI PAS D'ACCORD	31 %
PLUTÔT D'ACCORD	46 %
TOUT À FAIT D'ACCORD	20 %

LE COACHING INDIVIDUEL À DESTINATION DU MANAGER DE DEMAIN EST UN PIS-ALLER

PAS DU TOUT D'ACCORD	13 %
PLUTÔT PAS D'ACCORD	28 %
NI D'ACCORD NI PAS D'ACCORD	42 %
PLUTÔT D'ACCORD	11 %
TOUT À FAIT D'ACCORD	6 %

LES POLITIQUES MANAGÉRIALES ET LES VISIONS DES DIRECTIONS GÉNÉRALES

Nous plaidons pour une vision renouvelée des directions générales sur le management. Nos propos sur les formations initiales et continues, ainsi que sur les pratiques RH, doivent être accompagnés d'une transformation managériale au plus haut niveau.

En effet, depuis longtemps, on parle de la fatigue des élites, comme Dupuy en 2005 ou plus récemment comme il le rappelle en 2020 : « à condition de savoir cultiver la confiance et de développer l'intuition, les dirigeants peuvent éviter les faux remèdes qui ne font qu'aggraver le mal et accomplir la nécessaire transformation de leur entreprise ».

Nous pourrions multiplier les références académiques pour attester de cette urgence de transformation de nos dirigeants. Nous avons, dans la présentation de mutations internes relevées lors de notre investigation terrain, bien mis en valeur ce concept d'hypocrisie organisationnelle débouchant sur l'usure organisationnelle des équipes.

Il nous faut donc aujourd'hui développer ce fameux « courage managérial » au plus haut niveau de nos organisations et comme le souligne, Michel Maffesoli dans ses appels à la compréhension de ce qu'est ce monde dit « postmoderne », auquel beaucoup ne veulent pas encore croire, il est temps de « changer de voie » au sens d'Edgar Morin pour casser ces pathologies administratives asphyxiantes et inhibantes : centralisation, hiérarchie et spécialisation.

LES DIRECTIONS GÉNÉRALES ONT ENTÉRINÉ LA FIN DU MANAGEMENT PAR LE CONTRÔLE

PAS DU TOUT D'ACCORD	31 %
PLUTÔT PAS D'ACCORD	47 %
NI D'ACCORD NI PAS D'ACCORD	15 %
PLUTÔT D'ACCORD	5 %
TOUT À FAIT D'ACCORD	2 %

Proposition de valeur : accompagner les dirigeants à avoir une vision prospective

Pour que tous les projets de transformation indispensables et bien souvent trop vite annoncés commencent à réellement prendre forme et infuser à tous les niveaux de l'organisation, il convient de transformer la vision du management. Dans un monde certain, le monde d'hier, le management du "Command and control" pouvait se concevoir même s'il a freiné de belles innovations et initiatives. Dans le monde actuel et à venir, dans ce fameux « monde d'après » dans lequel nous sommes bel et bien aujourd'hui, il faut transformer nos dirigeants et toute la ligne managériale, si on veut espérer transformer nos business et nos organisations.

La seule solution est de remettre au goût du jour la vision prospective, seule boussole dans ce monde de plus en plus volatil, incertain, complexe et ambigu (VUCA).

L'ATTITUDE **PROSPECTIVE**

Les pratiques managériales évoluent en lien avec les mutations de la société et des attentes de l'ensemble des parties prenantes.

Depuis des années, les regards portés sur les modes managériales et les contenus de formations initiales et continues, ainsi que les pratiques RH associées au développement des compétences des managers ne semblent pas suffisants pour « embarquer » l'ensemble des collaborateurs dans de belles aventures managériales au service de tous.

Souvenons-nous de Gaston Berger (1896-1960) qui, par sa définition de la posture prospective[5], nous invite à revisiter le management de demain : « Osons alors prendre du temps pour *"ouvrir le champ des possibles"*, penser autrement, s'autoriser à penser d'autres mondes possibles, associer davantage plus largement les managers et les collaborateurs pour : voir loin, voir large, analyser en profondeur, prendre des risques, penser à l'Homme. »

Avant d'être une méthode ou une discipline, la prospective est une attitude.

Dimensions prospectives	Traduction opérationnelle
Voir loin	Construire une vision
Voir large	Élargir son champ de vision
Analyser en profondeur	Réaliser des diagnostics systémiques
Prendre des risques	Développer son courage managérial
Penser à l'Homme	Adopter une posture Co-Co-Co

---

5. BERGER, G., *Phénoménologie du temps et prospective*, Paris, PUF, 1964

QUELQUES REGARDS
D'EXPERTS

QUELQUES REGARDS
D'EXPERTS

Céline **FOREST**

Auteure du livre « Expérience clients, la revanche du B to B », directrice communication, marketing, expérience clients de NW groupe

UNE NOUVELLE PERCEPTION DU RÔLE DU MANAGEMENT

Lorsque nous parlons du management de demain, nous ne pouvons ignorer la crise sanitaire que nous avons vécue. Elle a transformé, en profondeur, la perception du rôle du management. Elle a remis en question bon nombre de principes et méthodes de management traditionnels. Le manager contrôlant, le micro-management, n'a en effet plus sa place dans un monde où le télétravail s'est imposé.

Selon une étude de la Harvard Business Review, la généralisation du télétravail a rallongé de 48,5 minutes, en moyenne, nos journées de travail. Un constat qui n'a pas manqué de faire évoluer la posture des entreprises sur le sujet, désormais plus enclines à standardiser cette pratique. L'enjeu est bel et bien de développer une relation de confiance entre les organisations et les collaborateurs (et les clients).

Je ne peux m'empêcher de songer à mes enfants si on me demande de me projeter sur une vision du management. Ils sont les clients et les collaborateurs de demain ! Les nouvelles générations sont de plus en plus sensibles aux enjeux sociétaux et environnementaux, et en quête de sens dans leur activité professionnelle. Une tendance qui s'est renforcée ces derniers mois puisque 55 % des Français déclarent se questionner davantage sur le sens et l'utilité de leur travail. Un chiffre qui grimpe à 61 % chez les jeunes de 18-24 ans (Yougov, 2020).

Pour répondre à leurs attentes, le manager de demain devra donc faire de l'urgence écologique une priorité, s'engager pour inscrire son action dans la durée, adopter un style de management plus flexible ou encore accorder davantage d'importance à l'instauration d'un climat de confiance.

Il devra évidement donner du sens au travail de ses équipes en faisant preuve de pédagogie, en exposant la portée des actions menées et en incitant les collaborateurs à exprimer leurs ressentis, leurs émotions. Cette souplesse peut même s'étendre à la mise à disposition d'un temps de travail dédié à des projets personnels pour donner à chacun la possibilité de développer sa créativité et de s'épanouir sur d'autres registres complémentaires. Cela peut se matérialiser, par exemple, par autoriser un collaborateur sur son temps de travail à s'investir dans un projet transverse à l'organisation (actions RSE, engagement associatif, etc.).

Je suis persuadée que les managers devront s'inscrire dans une posture de coach, qui détiendra son autorité et sa légitimité par la pertinence de sa vision et sa capacité à fédérer, rassembler. Je ne considère pas la relation managériale comme quelque chose de descendant et unilatérale. J'apprends chaque jour aux côtés de mes équipes par l'incarnation d'un système de valeurs partagé et l'instauration d'un climat de bienveillance, où la parole est libre et où chaque idée est prise en considération sans notion de jugement. J'ai à cœur que chaque talent puisse s'exprimer et que nous puissions bénéficier de la richesse de nos expériences et de nos complémentarités.

Le leader de demain devra donc être inclusif, développer une relation de confiance avec ses parties prenantes et faire preuve d'empathie tout en restant exigeant sur la qualité du service délivré. Un postulat pas si révolutionnaire dans la mesure où 45 % des managers français sondés en 2017 (étude OpinionWay) citaient d'ores et déjà l'écoute, le respect, l'exemplarité, la confiance et la pédagogie comme étant les qualités essentielles d'un bon manager.

Le leader de demain se devra d'être ouvert et savoir faire preuve d'introspection, en se formant notamment au développement personnel, afin de créer un climat de travail propice à l'épanouissement personnel et collectif. Saviez-vous que 35 % des Français lisent au moins un livre de développement personnel par an selon le Centre national du livre en 2019 ? La tendance est donc déjà amorcée.

Si cette vision s'applique au secteur privé, elle répond également aux enjeux de transformation de la fonction publique à mon sens. Lors de mon expérience dans la fonction publique, j'ai pu découvrir l'engagement constant des agents, leur passion pour servir l'intérêt général et mener des projets pour satisfaire les usagers.

La posture du manager est d'autant plus importante dans un contexte de transformation où les équipes ont besoin de comprendre et d'adhérer à la démarche pour se l'approprier. Le changement est, par nature, inconfortable, et suscite généralement des réticences. Il est donc primordial de donner du sens aux projets et de co-construire un projet dans lequel chacun pourra se projeter. Il est nécessaire d'avancer collectivement en mobilisant l'ensemble des parties prenantes concernées, pas à pas, et de capitaliser sur des petites victoires, des gains tangibles à court terme, pour légitimer l'action et faciliter son appropriation.

Cela nécessite une grande capacité de résilience et beaucoup de détermination pour faire évoluer la culture d'une organisation, en mettant notamment la satisfaction des bénéficiaires du service ou du produit délivré au cœur des préoccupations. Peu importe la fonction exercée, le manager de demain devra prendre davantage en considération les attentes et besoins de ses clients et utiliser cette finalité comme pilote de l'expérience collaborateur.

Adopter le management de demain, c'est aussi, lorsque la relation de confiance est installée, accepter que le collaborateur puisse occuper d'autres activités professionnelles en parallèle ou bien qu'il décide de quitter l'organisation... pour mieux revenir ensuite !

Patrice **GUÉZOU**
Directeur de la stratégie compétences chez Sémaphores, ancien directeur général de Centre Inffo

QUATRE COMPÉTENCES MANAGÉRIALES AU CRIBLE D'UN MONDE DU TRAVAIL POST-CONFINEMENT

La crise sanitaire et l'usage intensif et contraint du télétravail ont-ils profondément et durablement modifié le monde du travail et le rôle des managers, qu'ils soient de proximité ou dirigeants ? Il est évidemment trop tôt pour le dire et même le prédire.

Cependant, les nouvelles configurations organisationnelles générées par les confinements successifs et les nouvelles conditions de préservation et de production de la valeur ajoutée ne manquent pas de suggérer une combinaison de compétences managériales, d'ores et déjà requises, mais qui pourraient s'avérer clés dans un futur proche.

Nous en avons repéré quatre ou, pour être plus exact, avons souhaité mettre l'accent sur quatre d'entre elles, qui toutes prennent pour acquis, pour postulat plus précisément, que le télétravail s'intensifiera et produira de nouvelles formes d'organisation et d'animation du travail.

La première des compétences, d'apparence évidente, est la capacité de mise à disposition de moyens matériels propices à l'exercice de l'activité par les collaborateurs. Si le dénominateur commun des moyens requis pour l'exercice de son activité pouvait avoir été établi pour des salariés tels que les commerciaux, du fait de leur itinérance, ou des cadres disposant d'une pleine autonomie dans l'organisation de leur temps et de leur activité, un tel principe était loin d'être stabilisé pour toutes les catégories de personnels, notamment celles pour lesquelles le principe même d'un télétravail n'avait que très rarement été envisagé. Le manager identifie et rend possible la mise à disposition de moyens permettant la production de son équipe, y compris en dehors du lieu d'exercice naturel, du bâtiment, de rassemblement du collectif de travail. Une évidence ? Un défi assurément, tant elle requiert l'analyse fine des conditions de réussite de l'exercice de l'activité.

La deuxième compétence, complémentaire de la première, est la capacité de prise en compte des conditions de vie réelle du collaborateur et des possibilités offertes par son espace de vie et son environnement géographique pour faciliter une activité de production en continue. Si l'analyse par temps de confinement généralisé se réduit au seul domicile, principal ou secondaire, elle s'ouvrira aux espaces à proximité, facile d'accès et hébergeant l'ensemble des infrastructures requises pour un travail à distance, récurrent. Il s'agit bien évidemment de l'intégration comme support physique à l'exercice des activités des zones d'activités inter-entreprises, des espaces de co-working, des tiers-lieux, des environnements publics partagés que les mairies, les Chambres de Commerce, les entreprises mettent à disposition. Géolocaliser le collaborateur est un pré-requis, construire un environnement de travail de proximité propice à l'exercice de son activité un véritable engagement territorial de l'entreprise, au profit de la qualité de vie du collaborateur, de l'optimisation du temps de travail et de la qualité du travail.

Une telle organisation de l'activité, si éloignée de la règle du théâtre classique « unité de lieu, unité de temps, unité d'action », génère un nouveau défi de coordination des expertises et des compétences et de coopération entre les acteurs de la chaîne de production de la valeur ajoutée de l'entreprise.

Les deux autres compétences clés sont organiser la coordination, et faciliter la coopération. Elles sont identifiées, connues et développées. Elles ont trouvé là à se déployer dans un contexte renouvelé qui requiert cette fois-ci une analyse approfondie du travail, et non pas simplement de ses conditions. Les managers, les salariés, les partenaires sociaux, par-delà les postures, allant du tout sur site au tout à distance, ont fait le constat de l'exigence des rencontres, des échanges, mêmes des réunions tant décriées en France, et ce pour penser et faire aboutir une ambition, une mission, une tâche et de la vertu des interactions entre les personnes et les équipes pour accompagner des idées et des projets en sus de leur planification et enchaînement, de la fragilité du collectif quand seules les réunions à distance demeurent.

Si le lien de subordination persiste, dans le cadre d'un contrat de travail tel que nous le connaissons (parce que l'on peut également prophétiser le développement intensif de strictes relations contractuelles de nature commerciale), on imaginera aisément qu'une telle configuration organisationnelle ne peut laisser indemnes les processus de gestion des ressources humaines de l'entreprise. Quelles formes, par exemple, d'animation et de gestion des personnes, de leur trajectoire professionnelle, de leur appartenance à l'entreprise ? Prenons le cas d'un collaborateur, salarié en CDI d'une entreprise, dont l'espace de co-working deviendrait le principal, sans être exclusif, lieu d'exercice de son activité. Qui, de son point de vue et non pas sous le seul angle juridique, sont ses collègues ? Qui est son manager de proximité ? Auprès de qui, au quotidien, va-t-il chercher assistance pour tantôt dépasser une difficulté informatique, traduire une communication, interpréter une consigne ? Qui rencontre-t-il et consulte-t-il pour organiser sa trajectoire professionnelle, développer son portefeuille de compétences ? Les espaces de co-working, via un portefeuille de services développé, ont commencé à poser les bases d'une telle modalité d'articulation entre l'employeur et le salarié. Mais cela concernait pour l'heure un pourcentage infime d'acteurs et une catégorie très limitée. Ici on évoque le passage à l'échelle de ce monde du travail en émergence.

« Si cela va sans le dire, cela ira encore mieux en le disant », comme disait Monsieur de Talleyrand-Périgord, ces défis, ces compétences, ces environnements complexes en émergence et à construire relèvent de la responsabilité et de la mission des directions et acteurs des ressources humaines, du volet contractuel au volet RSE de leur portefeuille, de la gestion individuelle à la gestion collective, en intégrant, à chaque étape la conception et la négociation de nouvelles règles collectives du vivre et œuvrer ensemble. Un programme passionnant au service d'un nouveau monde industriel !

Thibaud **BRIÈRE**
Philosophe d'entreprise

COMMENT MANAGER AUTREMENT EN FAISANT PLUS DE LA MÊME CHOSE

Un mode de management n'est jamais neutre. Il repose toujours, implicitement, sur une philosophie déterminée. « Les méthodes impliquent des métaphysiques, elles trahissent à leur insu les conclusions qu'elles prétendent parfois ne pas encore connaître[1] », écrivait Albert Camus.

Le management ne fait pas exception. Il traduit une philosophie déterministe, car il ambitionne de contrôler (c'est-à-dire de déterminer) le plus intégralement possible l'activité, la motivation et les résultats de ceux placés sous sa responsabilité. Une telle détermination peut se faire de la manière très traditionnelle que nous connaissons tous, celle du "command and control", du bâton et de la carotte, ainsi que du reporting. Il s'agit là de l'exercice d'un "hard power", appuyé sur le pouvoir disciplinaire du manager : il distribue incentives, directives et sanctions. Tout cela est bien connu.

Problème : le contrôle, quand il est perçu comme tel, suffit à générer de la motivation mais peine à susciter l'engagement. Ce qui peut être perçu comme une méfiance de l'organisation à l'égard des salariés tend non seulement à produire un type humain confirmant ce soupçon initial, mais donne motif à des individus à se méfier en retour de leur entreprise, ce qui limite leur investissement.

Pour résoudre cette difficulté sont apparues d'autres manières de faire, se présentant comme autant de nouvelles manières de manager. Nouvelles, elles le sont en ce qu'elles sont plus récentes, mais peu souvent en ce qu'elles emprunteraient une autre voie. Elles prennent

---

1. Albert Camus, Le Mythe de Sisyphe, « Les murs absurdes », Gallimard, 1942

en compte le fait que les problèmes surviennent lorsque les gens ont le sentiment d'être contrôlés. Il faut donc qu'ils n'en aient pas le sentiment. Ainsi a-t-on développé des manières de faire renouvelées, engageant le manager à exercer un pouvoir d'influence au-delà de l'ancien pouvoir hiérarchique (tel que j'ai eu l'occasion de l'exposer il y a quelques années dans un livre co-écrit avec un dirigeant d'ETI adhérant à cette conception[2]).

Le contrôle doit désormais s'exercer de manière "soft", par une action discrète sur l'environnement. Deux moyens permettent d'agir sur l'environnement des salariés, nullement exclusifs l'un de l'autre, et qui tous deux permettent de déconstruire la pyramide hiérarchique : intervenir sur l'architecture des choix et intervenir sur les mentalités.

– Quand on agit sur l'architecture des choix, à aucun moment le manager ne dit à ses subordonnés ce qu'ils doivent faire, il se contente de disposer finement les choses pour les amener à agir dans une direction plutôt que dans une autre. Il rendra par exemple certains choix plus compliqués ou coûteux, et en facilitera d'autres. On parle alors de "nudge management".

– Quand on préfère agir sur les mentalités, on cherche à déterminer le comportement d'autrui en l'amenant à penser comme nous, c'est-à-dire en influant sur sa volonté. On cherche à convaincre, voire à séduire. Quoi de plus naturel ? C'est à cette fin de persuasion que l'on observe depuis une vingtaine d'années un raffinement des théories managériales, une sophistication des discours (renforçant la domination symbolique des uns sur les autres[3]). L'objectif est d'avoir des salariés convaincus, qui ne se contentent pas de se comporter extérieurement comme on le souhaite, mais qui y croient, qui adhèrent au corpus de croyances et de valeurs que l'on appelle désormais sans complexe la « philosophie d'entreprise ». De fait, comme l'exprimait

---
2. *T. Brière et M. Hervé, Le Pouvoir au-delà du pouvoir. De l'exigence de démocratie dans toute organisation, Bourin éd., 2012*
3. *Le manager est un habile « manipulateur de symboles » (cf. Robert Reich, L'économie mondialisée [1991], Dunod, 1993), sinon même, dirions-nous, un sophiste (cf. Thibaud Brière, « Le manager moderne, entre sophiste et barbare », Revue des Sciences de Gestion, n° 284, décembre 2017)*

déjà l'économiste Jean-Baptiste Say[4], «si l'on veut que telle manière d'être, telle habitude de vie s'établisse, la dernière chose à faire est d'ordonner que l'on s'y conforme. Voulez-vous être obéi? Il ne faut pas vouloir qu'on fasse, il faut faire qu'on veuille», par intériorisation des normes sociales.

On peut dès lors manager autrement, à la confiance, dans la mesure où il n'y a plus besoin de contrôles extérieurs. L'autocontrôle se substituant au contrôle, le contrôle s'évanouit dans le geste même par lequel il s'accomplit. Il disparaît officiellement. Selon toute apparence.

Il suffit au manager 2.0, formé aux nouveaux modes de management, de paraître faire confiance *a priori*, de produire un sentiment de pleine responsabilité chez ses collaborateurs, pour en obtenir des résultats comparables à ceux qu'il obtiendrait s'il leur faisait vraiment confiance.

Cela ne l'empêche bien sûr nullement, grâce à l'utilisation accrue des nouvelles technologies, de récolter un nombre croissant de données sur ses collaborateurs, formelles et informelles, récoltées de manière officielle ou à leur insu, afin de mieux prédire leur comportement ou de discerner qui garder.

L'idéal d'une telle conception déterministe du management est celui d'un automatisme social permettant de faire l'économie de coûteux dispositifs de contrôle, strates managériales incluses. Tout contrôler automatiquement, voilà la formidable promesse des algorithmes. Et ce n'est plus une utopie. Ray Dalio, entrepreneur américain dirigeant le fonds d'investissement Bridgewater, a annoncé en 2017 son intention, à horizon 2022, d'automatiser entièrement les prises de décisions. Il ne s'agit plus seulement d'utiliser les algorithmes pour prendre des décisions d'investissement (cela se pratique déjà dans bien des fonds d'investissement), mais d'y avoir recours pour savoir qui embaucher, qui licencier, qui promouvoir, ainsi que pour rationaliser les tâches de chacun au sein de l'entreprise. Tout cela repose sur un principe déjà appliqué chez Bridgewater, celui de la «transparence radicale»,

---

4. *Jean-Baptiste Say, Olbi ou essai sur les moyens de réformer les mœurs d'une nation, 1800*

consistant à mettre en place un « dispositif numérique lui permettant de savoir tout ce qu'il se dit lors des réunions et des conversations téléphoniques auxquelles il ne participe pas ». Les employés devant rendre publiques la moindre de leurs actions, un nombre considérable de données sur la manière dont ils travaillent peut être récolté sur chacun d'eux, permettant ainsi à l'algorithme de prétendre les connaître mieux qu'ils ne se connaissent eux-mêmes.

Comme l'expliquait au Guardian Devin Fidler, qui a développé un de ces algorithmes : « Le management, c'est principalement de la gestion d'information, le genre de choses que les logiciels font très bien. » La confiance, ici, c'est la fiabilité. Confiance nourrie par la transparence : « Cet adepte de la méditation transcendantale bouddhiste [Ray Dalio] exerce une pression constante sur tous ses collaborateurs et les encourage à se critiquer les uns les autres mais de manière transparente (tout est enregistré)[5] », rapporte Les Échos. Cette conception managériale table sur un scientisme, une véritable « foi dans l'harmonie par le calcul[6] ».

Mais il est une autre manière de manager, alternative et non moins efficace. Elle suppose de réaliser que là où il est besoin de management, c'est précisément là où l'on est confronté à du non déterminé, à du non programmable. Et que quelle que soit notre capacité à collecter des données sur nos collaborateurs et à les faire mouliner par des ordinateurs, la réalité comportera toujours, structurellement, une part d'imprévu. Parce que le réel, c'est ce qui résiste. Et d'abord à la théorie, à nos capacités de prévision, parce que le futur ne se réduit jamais au passé, sur lequel se basent les calculs probabilistes. Tôt ou tard, ce qui avait été recouvert par l'apparence d'une rationalité technique, éclate au grand jour. Le manager se retrouve rattrapé par la vérité de l'imprévisible.

---

5. Source : Les Echos du 03/03/17, « Remue-ménage dans les hautes sphères du hedge fund Bridgewater », par Nessim Ait-kacimi.
6. Alain Supiot, « État social et mondialisation : analyse juridique des solidarités », Cours au collège de France, 2013

Alors oui, l'organisation doit inciter ses membres à adopter un comportement rationnel, efficace, collectif, etc., mais elle ne saurait les y contraindre. C'est librement que chacun doit contribuer, dans la conscience des répercussions de son comportement sur tous les autres. Un manager éclairé doit accepter de s'en tenir à sa limite, respecter la sphère de compétences et d'autonomie des autres, ce qui veut dire respecter la subsidiarité.

La manière dont on manage en dit beaucoup sur nous-mêmes, sur nos choix philosophiques implicites. Celui qui manage au bâton et à la carotte, ou de manière très participative tout en s'activant en coulisses pour orienter comportements et opinions, table sur une conception déterministe du monde et de la nature humaine, dont il finira par faire les frais.

Si même un déterministe absolu comme Spinoza peut parler de liberté, on comprend que des entreprises sur-rationnelles se croient elles aussi autorisées à parler de liberté, et peut-être même d'autant plus fort qu'elles tendent à exclure toute contingence, toute gratuité et autonomie réelle des comportements. Cependant, rien n'est jamais écrit d'avance, et on peut espérer qu'arrive un management nouveau, un management de service pour lequel manager ne signifierait plus amener les uns (un grand nombre) à faire ce que veulent les autres (un petit nombre), mais à libérer de soi en organisant la mise en œuvre d'une volonté collective.

Serge **DERICK**

Consultant RH, ancien directeur stratégie et développement social DRH Groupe BPCE

« FAIRE ENTREPRISE OU FAIRE ÉQUIPE »

« Faire entreprise ou faire équipe » va nécessiter de la gouvernance et des managers de nouvelles pratiques et pour ce faire un nouvel état d'esprit pour prendre en compte les nouveaux équilibres qui remodèlent la relation à l'entreprise et au travail. Le recentrage du management sur l'impérieuse nécessité d'une gestion des compétences de chacun des membres de son équipe et d'une mise en dynamique de celles-ci au service d'un objectif commun porteur de sens fait aujourd'hui consensus.

La délégation, la responsabilisation et l'autonomie sont inscrites dans les bonnes pratiques et bon nombre d'entreprises ont investi les méthodes collaboratives pour développer l'engagement, l'efficacité et la performance collective. C'est à l'appui de ces « nouveaux ingrédients managériaux et culturels » que certains ont réussi à améliorer la satisfaction de leurs clients, forts d'une performance collaborative nouvelle, et à renforcer la fierté des salariés à leur entreprise et à leur travail.

Avec la crise, l'intensification et l'accélération de la transformation des modes de vie donnent un nouveau coup d'accélérateur à nos modèles managériaux et à l'émergence de modèle de leadership ; un « manager leader » qui place l'Humain au centre de son action pour réussir l'intégration harmonieuse des différentes générations et profils qui ont des aspirations et trajectoires de vie différentes.

Les modes de travail hybrides qui s'instaurent modifient les relations d'échanges, de partage et de collaboration. L'enrichissement mutuel, source de l'entreprise apprenante, doit être repensé dans ce cadre. Il faut trouver de nouvelles façons d'interagir, plus ouvertes et inclusives, plus authentiques et inspirantes où l'exigence du résultat est avant tout portée par le « pourquoi » et repose sur la confiance en l'Humain et sur la mise en œuvre, faite de lâcher-prise, de partage d'expérience et de droit à l'erreur.

Ce rôle de « manager leader » qui consiste à créer du lien, des interactions utiles et humaines pour libérer l'énergie du collectif et mettre en mouvement l'organisation au service et au bénéfice du client, exige à la fois de la méthode, de l'envie et avant tout un autre état d'esprit. Un état d'esprit ouvert, enclin à la remise en cause et à l'apprentissage permanent pour révéler les nouvelles compétences comportementales et émotionnelles qui fondent la qualité de nos modèles relationnels, clients comme salariés. Un nouveau "mindset" qui permet de percevoir et comprendre les évolutions en cours de la création de valeur, modifier son pilotage et sa reconnaissance.

Ce leadership exige indéniablement d'autres qualités humaines, ces soft skills qui font la différence et que l'on essaie d'intégrer dans les dispositifs de sélection et programmes de développement des managers et dirigeants. Il sera toutefois plus difficile et long de dégager une nouvelle génération de leaders que de managers, une évolution qui pourrait parallèlement favoriser une plus grande mixité dans les fonctions de management et de dirigeants.

On connaît l'impact direct des styles de leadership sur le climat des équipes, et par conséquent, sur leur implication et leur engagement : il est déterminant dans l'univers du service.

Aussi, sans négliger la boîte à outils des RH, transformeurs et communicants (programmes de développement, réseaux apprenants, plateformes digitales, design thinking, feedback, etc.) pour accompagner et soutenir les managers en place, la fonction RH doit elle aussi assumer l'initiative de cette transformation culturelle, la prendre à son compte et repenser un modèle humain permettant de construire le monde de demain au quotidien.

Cette véritable transformation nécessite, au-delà des frontières de la DRH, d'adapter de nouveaux modes de fonctionnement, de revoir ses process, l'allocation des moyens, les postures (parce qu'il est beaucoup question d'attitudes et de comportements) et au final sa valeur ajoutée avec les managers et leaders de l'ensemble de l'entreprise.

Cette évolution, que je considère comme une nécessité, est porteuse de réelles exigences et ambitions humaines pour bâtir un modèle résilient, performant dans la durée et enrichissant, responsable et inclusif en intégrant les dimensions client, sociétale et sociale au service de l'intérêt collectif. Une vision du leadership qui réinvente celui du "servant leader" développé dans les années 70 par Robert K. Greenleaf avec les défis du monde de demain.

Nandini **COLIN**
Chief HR & CSR Officer

LE TEMPS DU "RESET" POUR LE MANAGEMENT MODERNE OU LE RETOUR À L'ESSENCE DU MANAGEMENT

Il y a environ dix ans, en Inde, Vineet Nayar publiait son fameux livre « Employees First Customer Second » (Harvard Business Review Press 2010); aux États-Unis, Simon Sinek publiait le tout aussi fameux « Start with Why » (Portfolio, 2009) et la France votait la loi Copé-Zimmermann. Trois continents, trois éléments constitutifs de l'essence même du management :

- la symétrie des attentions au service des équipes comme des clients (les employés d'abord, puisque la satisfaction d'un client est avant tout le résultat du travail fourni par une équipe);
- l'inspiration et le sens pour une action durable (savoir « pourquoi » on fait ce qu'on fait est le préalable à cette émotion que l'on veut transmettre dans le parcours client, tout comme dans le parcours interne à une organisation);
- l'ouverture à la différence et l'inclusion dans les instances dirigeantes (investir dans la diversité et, entre autres, la représentation équilibrée des femmes et des hommes au sein des conseils d'administration et de surveillance, pour une croissance durable).

Dix ans après, au milieu d'une pandémie inédite, que reste-t-il du management d'hier ? Un "reset" managérial peut-il changer la donne ? Oui, certainement, en travaillant sur trois leviers à travers lesquels les managers ont le pouvoir d'influencer le cours des choses : les compétences managériales, le pilotage de la création de valeur, et le partage du pouvoir et de l'intelligence collective.

Les "soft skills" en management, condition de la résilience

Ces dix dernières années, alors que dans le monde les États transféraient de plus en plus une partie de leurs prérogatives passées vers les entreprises et leurs écosystèmes, celles-ci sont devenues le dernier lieu de socialisation du monde moderne. Avec le développement de l'économie numérique, les entreprises ont mené des transformations profondes, dont 70 % échouent pourtant, principalement pour des raisons managériales, culturelles, organisationnelles et de ressources, d'après une étude de McKinsey (cf p 61).

Si la pandémie a permis d'accélérer une partie des transformations nécessaires, notamment digitales, au niveau managérial, culturel et organisationnel, beaucoup reste à faire. C'est dans les tempêtes que l'on reconnaît les bons managers et les bons leaders. Dans la crise sans précédent que nous traversons, les qualités qui doivent être mobilisées pour garder l'engagement des clients comme celui des salariés à un niveau élevé, sont des "soft skills" qui ont trop rarement fait les carrières d'hier, mais compteront sans doute beaucoup demain.

L'année 2020 a été un tournant dans la prise de conscience des compétences requises pour créer l'émotion positive attendue dans l'expérience client, tout comme dans l'expérience collaborateur. Ce sont ces qualités qui contribueront à la résilience des organisations, associées aux qualités de gestion incontournables.

Nous ne pouvons oublier que nous sommes dans un marché de pénurie de compétences, quel que soit le niveau de qualification. Selon les projections de Korn Ferry, d'ici à 2030, non seulement la demande sera supérieure à l'offre dans le monde, en matière d'employés qualifiés, mais c'est environ 85,2 millions de personnes que les entreprises n'arriveront pas à trouver, soit l'équivalent de la population de l'Allemagne. En 2019, 50 % des projets de recrutement étaient jugés difficiles par les employeurs, un niveau jamais atteint depuis 2010. Notre développement dépend de notre capacité à traiter ces sujets, c'est un sujet économique fondamental, et l'inclusion de profils différents est un sujet de cohésion sociale et de développement collectif. La recherche et le développement des compétences nécessaires pour construire le monde d'après, sont un défi de taille pour les managers, dans un contexte où l'emploi devrait être durablement affecté par les bouleversements en cours.

Ce sont autant de sujets qui doivent remettre la qualité managériale au cœur des stratégies de sortie de crise. Il s'agit en particulier de la capacité des managers à faire grandir leurs équipes, à les préparer aux mutations des métiers et à leur servir de guide; bref, leur capacité à accroître la résilience de leurs équipes et, de ce fait, de leur organisation.

Changer de paradigme pour piloter la création de valeur

Selon les études, 70 % à 80 % des salariés ne veulent pas devenir manager. Le constat est le même chez les jeunes. Un paradoxe ? Pas vraiment. Il suffit d'observer le pilotage du résultat pendant les vingt premières années du XXIe siècle.

Décennie après décennie, outre l'extrême financiarisation de l'économie, la tentation est restée la même, celle de faire du capital humain l'incontournable variable d'ajustement : réduction des frais de formation, réduction des effectifs de proximité dans certains secteurs, réduction des charges dites de personnel à tout point de vue. Le développement de l'économie numérique a accentué la nécessaire recherche de compression des coûts, liés à des modèles basés sur le volume et la désintermédiation.

La recherche de productivité peut justifier une telle approche, mais elle est trop caricaturale pour être adaptée aux enjeux de long terme. La révolution numérique, ou quatrième révolution, est la face émergée de profondes transformations, économiques, sociétales, politiques. Cela constitue un défi sans précédent pour les dirigeants et la gouvernance d'entreprise. Repenser stratégie, vision et mission de l'entreprise est désormais incontournable. Il ne peut plus être question uniquement de piloter le résultat par les coûts. Changer de paradigme, c'est réellement piloter la création de valeur, non pas par la productivité seule, mais surtout par la croissance, une croissance durable et inclusive. Pour ce faire, il faut imaginer et valoriser les investissements nécessaires avec d'autres approches que les métriques et KPI traditionnels.

Ainsi, bien avant la pandémie, on pouvait déjà lire en septembre 2018, qu'investir dans la santé et l'éducation est la meilleure manière d'assurer une bonne croissance économique à long terme, d'après une étude pilotée par l'Institute for Health Metrics and Evaluation (IHME), un organisme statistique de l'université de Washington, financée par la fondation Bill-et-Melinda-Gates et publiée dans la revue scientifique The Lancet.

En mesurant le capital humain de chaque pays et en le comparant à celui qu'il possédait en 1990, le rapport conclut à une « corrélation entre les investissements en matière d'éducation et de santé et une meilleure croissance du PIB ».

Cet indicateur combine « les compétences, les expériences et le savoir » d'une population avec son état de santé, pour en mesurer la contribution à la croissance économique. Il est exprimé en nombre d'années, pendant lesquelles « on estime qu'une personne peut travailler au cours de sa période de productivité maximale », c'est-à-dire en étant bien formée et en bonne santé.

Selon une publication de l'OCDE[7], « si le temps que chaque personne consacre à l'éducation augmente d'un an, le PIB par habitant devrait augmenter, sur le long terme, de 4 à 6 %. »

On peut avoir la même approche en entreprise. Cela implique de lire, et probablement d'écrire les comptes de résultats différemment. Le capital humain est le véritable moteur de la croissance. Les managers peuvent faire parler les chiffres qui contribuent à une meilleure croissance, il est temps de leur apprendre et de leur en donner les moyens.

---

7. *Le Capital humain - Comment le savoir détermine notre vie*, 2007

Une autre vision du pouvoir et de la coopération internationale

En temps de crise et d'incertitude, la tentation est forte du repli sur soi, sur ce qu'on connaît et sur sa zone de confort.

Cela explique sans doute que les efforts en faveur de l'égalité entre les femmes et les hommes marquent un ralentissement. Les femmes sont particulièrement touchées par les effets sanitaires, sociaux et économiques de la crise actuelle. Pourtant, alors que de multiples solidarités ont vu le jour, avec la force de l'intelligence collective, pour apporter des solutions inédites aux besoins quotidiens, la voix des femmes a été peu audible. C'est sans doute l'occasion d'ouvrir un autre chemin, plus agile, plus collectif, et plus ouvert aux différences. En bref, faire un saut vers l'inclusion et la mixité du XXIe siècle, avec un leadership plus moderne et une vision partagée du pouvoir.

L'intelligence collective s'est aussi exprimée à travers la coopération entre les pays, pour répondre aux défis de la crise sanitaire inédite que nous vivons. Même si les frontières physiques se sont fermées et ouvertes au gré de l'évolution de la pandémie, il est essentiel de développer une culture managériale ouverte sur le monde. Il y a vingt ans naissait l'encyclopédie en ligne Wikipédia, sur un mode collaboratif de partage de la connaissance. Le partage de la connaissance des virus aidera à les vaincre. La capacité des managers à œuvrer pour un partage de la connaissance au sein d'un écosystème ouvert aidera à construire un monde du travail meilleur.

Ce sont autant d'opportunités pour redonner au travail un élan à la hauteur des enjeux, capitaliser sur les talents révélés par cette expérience inédite et faire évoluer le management, tout en créant les conditions d'une organisation juste, ouverte et solidaire.

L'essence du management, sa raison d'être, c'est d'être au service des autres

Les usages et attentes des consommateurs évoluent, tout comme ceux des talents dont l'économie a besoin. Comme souvent dans les enquêtes menées par le Lab Esprit de Service France, vision du moment et vision du futur se font écho. On perçoit une aspiration profonde à une relation client responsable, et à des modes de consommation responsable. C'est comme un appel à un changement d'attitude et de comportement, pour un business à impact positif. Comme si, enfin, l'expérience client devait retrouver sa véritable raison d'être, et son cœur, à l'image de ces messages qui ont fleuri post-confinement : « nous sommes heureux de vous retrouver. »

Dans ce contexte, il nous appartient de relever considérablement le niveau d'ambition sur les enjeux managériaux. Qui pourrait croire une entreprise qui dirait vouloir remettre le client et l'humain au centre, et dont le management ne refléterait pas cette volonté ?

Une question de confiance, et un beau défi que les managers sauront relever, pour redonner du sens à leur rôle. Demain s'écrit aujourd'hui.

Franck **BRILLET**
Directeur de l'INSPE de Nice

QUEL(S) MANAGER(S) AU XXIe SIÈCLE ?

En 1989, dans « Le management - voyage au centre des organisations » (Eyrolles), Henri Mintzberg annonçait que « le XXe siècle restera comme le siècle du management. » Si le manager est celui sur lequel toutes les organisations se tournent pour créer de la valeur pérenne et durable, il faut admettre que les tensions qu'il vit au quotidien sont de plus en plus fortes. De nombreuses injonctions, parfois paradoxales, lui sont faites et cette population malmenée est très certainement celle qui vit une profonde transformation en termes de métier.

D'ailleurs quand on parle des managers parle-t-on d'individus dont le métier unique est celui de manager ou parle-t-on de compétences dont doivent faire preuve de nombreux collaborateurs dans l'exercice en responsabilité de leur propre métier ? De bons managers deviennent aujourd'hui des ressources stratégiques rares et déterminantes dans l'animation des hommes et des équipes et dans le déploiement des plans d'actions stratégiques des organisations. Il faut donc savoir les préserver, les sécuriser et les accompagner dans leur transformation ; une vision prospective sur le manager de demain est alors l'une des réponses à ces impératifs.

Ainsi, le manager du XXIe siècle devra au travers de son quotidien faire face à de nombreux paradoxes qui l'obligeront, en plus de l'exercice de ses missions traditionnelles, à assumer de nouveaux rôles.

Être au cœur des paradoxes - Faire preuve de prise de recul mais rester au plus près du terrain

Si le manager est l'un des acteurs les plus proches du terrain et de l'opérationnel, il est souvent mis sous pression avec des impératifs de rentabilité et de gestion de court terme, sources de pressions et de tensions, tant pour lui que pour les collectifs de travail. Face à ces injonctions de rapidité d'action, d'expansion de la vitesse, d'accélération des temps se développe un tout autre courant philosophique, celui de la lenteur, encore appelé "slow management".

Ainsi être au cœur de ce paradoxe, c'est savoir articuler capacité à réagir vite et efficacement tout en faisant preuve de prise de recul en privilégiant l'analyse auto-réflexive afin de s'inscrire dans une logique vertueuse d'amélioration continue. Il s'agira de coordonner des actions humaines dans le but de construire des collectifs apprenants avec les impératifs de rentabilité immédiate.

Le manager sera donc légitime au regard de sa façon d'agir et de maintenir un climat de bien-vivre, de bien-être et de bien-faire ensemble. Il sera en quête permanente, réfléchie et durable du pourquoi/comment, en quête de sérénité.

Dépasser les rôles traditionnels du manager

Au-delà des rôles traditionnels du manager listés par Mintzberg (rôles impersonnels - Chef symbolique - Leader - Agent de liaison ; rôles liés à l'information - Guide, observateur actif - Diffuseur d'informations dans son organisation - Porte-parole ; rôles décisionnels - Entrepreneur - Régulateur - Répartiteur de ressources – Négociateur), l'évolution de l'écosystème des organisations (renforcée par la crise sanitaire) montre l'importance de l'acquisition, de la maîtrise et du renforcement de compétences transversales devenant aujourd'hui de véritables atouts pour caractériser ce manager du XXIe siècle.

Le manager de demain se doterait de nouveaux rôles dits interpersonnels.

1. Un manager de la résilience et des transformations : face aux changements que vivent les organisations les managers doivent assumer un vrai rôle de facilitateur et d'accompagnement.

2. Un manager du sens et de la confiance : le manager de demain devra être le repère, certains diront le gouvernail, qui permet de

donner du sens et d'aller dans le sens de la direction déterminée par la stratégie des organisations.

3. Un manager des diversités : la réalité des organisations montre l'importance de savoir gérer les diversités (âge, sexe, origine, handicap, etc.). Le manager saura faire de la diversité une opportunité pour appréhender cette question des différences comme source de complémentarités et d'opportunités pour identifier de nouvelles marges de manœuvre.

4. Un manager-coach : c'est peut-être ici l'un des rôles les plus importants à assumer mais également l'un des plus complexes. En tant que détecteur de talents, le manager de demain aura à cœur de libérer le potentiel de ses collaborateurs et de les soutenir dans le cadre de leur développement personnel et professionnel.

Au travers de l'identification de tous ces rôles nous sommes ainsi en mesure de pouvoir proposer la définition suivante du manager : le manager est une personne en charge d'une organisation, d'une entité ou d'une équipe. Il est investi d'une autorité et d'une légitimité qui lui donnent un statut. Ce statut implique l'exercice de multiples rôles qui seront de nature à orienter ses comportements et ses pratiques. Il fait en sorte que le travail soit réalisé tout en assurant le développement de son équipe et de son potentiel.

Pour autant, et afin d'exercer pleinement ces rôles, le manager du XXIe siècle devra se prémunir de trois risques.

– La vulnérabilité : ou fragilité psychique et physiologique, car ce métier de manager ou ces compétences de manager au sein d'autres métiers exposent aux blessures des faits et des rapports humains.

– Les difficultés d'adaptation : le « non-savoir faire avec », l'inaptitude à supporter ce qui est contradictoire, paradoxal, relatif, et à tolérer la complexité que cela induit.

– Les perturbations de la sociabilité : mécanismes et réactions de défense, comportements de rigidité, d'ambiguïté ou de sujétion affective.

POSTFACE

Marie Parker **FOLLETT** (1868-1933)

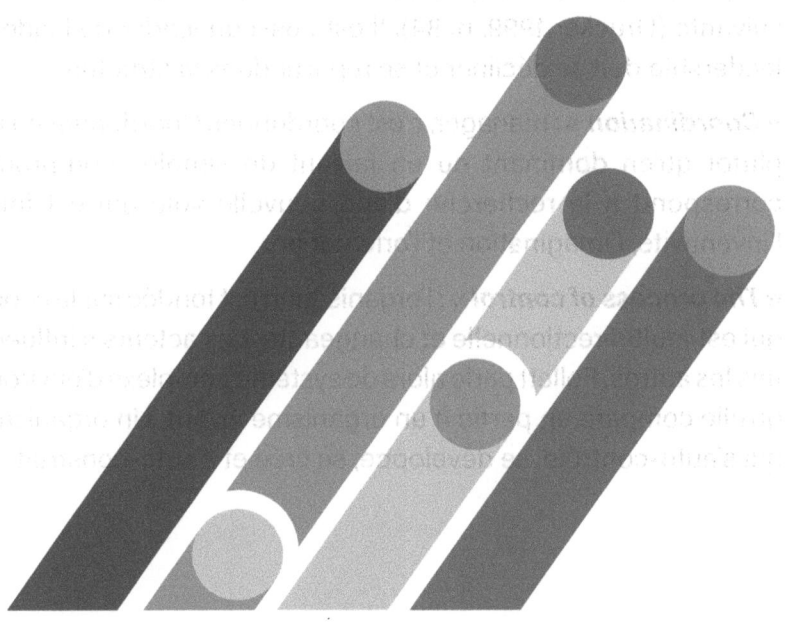

LA VISION INNOVANTE ET
PROSPECTIVE DU MANAGEMENT

« The giving of orders » ou comment diriger les hommes sans les contraindre, en dépersonnalisant l'ordre, en enseignant le métier et, enfin, en partageant la finalité de celui-ci. Pour Follett, c'est la situation qui doit fixer la marche à suivre (la loi de la procédure).

« The basis of authority » : l'autorité doit être attachée à la compétence et non à la hiérarchie. En outre, cette autorité doit être répartie tout au long de cette hiérarchie. En s'appuyant sur une bonne définition du qui-fait-quoi, l'autorité devient elle-même un processus. Le management se diffuse alors tout au long de l'organisation grâce à un ensemble d'interrelations et d'interactions.

« The essentials of leadership » : le bon manager est celui qui a le moins besoin de commander car il a su, au préalable, former et organiser. Non seulement il doit avoir une vision globale mais il est nécessaire qu'il ait, en quelque sorte, un esprit d'aventurier qui lui fasse créer la situation suivante (Drucker 1999, p. 84). Il est aussi un leader de leaders et son leadership doit se décliner et se répartir dans la structure.

« Coordination » : manager, c'est coordonner. Coordonner en intégrant plutôt qu'en dominant ou en faisant de simples compromis. Cela correspond à la recherche d'une nouvelle voie qui est fondée sur l'inventivité, l'imagination et l'orientation.

« The process of control » : l'organisation est fondée sur la coordination qui est multidirectionnelle et changeante. Les acteurs s'influencent les uns les autres. Follett parle alors de système complexe d'environnement qu'elle compare en partie à un organisme vivant. Un organisme vivant qui s'auto-contrôle, se développe, se crée et s'auto-construit.

Attitude taylorienne	Approche follettienne
Linéarité	Systémique et complexe
Leadership	Leadership diffus, communityship
Leader charismatique	Leader de leaders
Structure pyramidale	Fluidité de l'organisation
Domination ou compromis dans le conflit	Le conflit est inévitable ; l'intégration est à rechercher
Le dirigeant dirige	Le dirigeant crée la situation suivante ; il incarne la vision et a un esprit d'aventurier
Manager « sur »	Manager « avec »
Pouvoir du poste ou de la fonction	Pouvoir de la compétence
Diriger suivant des ordres	Dépersonnaliser l'ordre et expliquer la finalité ; commander le moins possible ; la loi de la situation ; l'ordre est circulaire
Coordination verticale	Coordination multidirectionnelle

BIBLIOGRAPHIE

LIVRES ET **REVUES**

BABIAK P. & HARE R., *Snakes in Suits: When Psychopaths go to Work*, Harper-Collins, New York, 2006

BENNIS W. & NANUS B., *Leaders: The Strategies for Taking Charge*, Harper & Row, New York, 1985

BLAKE R., MOUTON J., *The Managerial Grid: The Key to Leadership Excellence*, Gulf Pusblishing Co., Houston, 1964

BOYATSIS R., *The Competent Manager, a Model for Effective Performance*, New York: John Wiley & Sons, 1982

BOYER L., «*Les managers de proximité jouent un rôle essentiel dans les entreprises*», Courrier Cadres, janvier 2010

BOYER L., SCOUARNEC A., *La prospective des métiers*, EMS éditions, Cormelles le Royal, 2009

CROZIER M., TILLIETTE B., *Quand la France s'ouvrira...*, éditions Fayard, Paris, 2000

DEWEY J., *The Public and Its Problems*, in J. Dewey, The Later Works, Vol. 2., 1927

DEWEY J., *Individualism, Old and New,* in J. Dewey, The Later Works, Vol. 5, 1930

DEWEY J., *Creative Democracy-The Task Before Us, in Later Works of John Dewey. Carbondale*, Southern Illinois University Press, 14 : 225. 1988

DUPUY F., *La fatigue des élites*, Seuil, 2005

DRUCKER P., *The Practice of Management*, Harper & Row, New York, 1952

DRUCKER P., *The End of Economic Man : The Origins of Totalitarianism*, Harper Colophon Books, New York, 1969

ELET D., *Le «servant leadership» : un paradigme puissant et humaniste pour remédier à la crise du management* Association de Recherches et Publications en Management «*Gestion 2000*», 2013

ERNST C. & CHROBOT-MASON D., *Boundary Spanning Leadership: Six Practices for Solving Problems, Driving Innovation, and Transforming Organizations*, McGraw Hill, New York, 2011

FAYOL H., «*Administration industrielle et générale*», Bulletin de la Société de l'Industrie minérale, Paris, 1916

GIANCOLA F., «*The generation gap: more myth than reality*», Human Resource Planning, 2006

GREENLEAF, R.K., *The Servant-Leader Within: a Transformative Path* New York: Paulist Press, 2003

GREENLEAF, R.K., *Servant Leadership: A Journey into the Nature of Legitimate Power and Greatness* (25th anniversary ed.). New York: Paulist Press, 2002

KOUZES J.M. & POSNER B.Z., *The Leadership Challenge: How to Get Extraordinary Things Done in Organizations*, Jossey-Bass, San Francisco, 1987

LALOUX F., *Reinventing Organizations*, Diatenio, 2019

LEWIN K., *A dynamic theory of Personnality*, Mc Graw-Hill, New York, 1935

LICKERT R., *New Patterns of Management*, Mc Graw-Hill, New York, 1961

LIPMAN-BLUMEN J., *The Allure of Toxic Leaders: Why We Follow Destructive Bosses and Corrupt Politicians-and How We Can Survive Them*, Oxford University Press, USA, 2004

MAC CLELLAND D., «*Testing for Competence rather than for intelligence*», American Psychologist, 1973

MINTZBERG H., *Le manager au quotidien*, éditions d'Organisation, Paris, 1984

MISPELBLOM BEYER F., «*Le management entre science politique et méthodologie d'encadrement*», Les Cahiers d'Evry, n°4, février 1996, Evry

NOGUERA F., PLANE J.M. (coord.), *Le leadership: recherches et pratiques*, Vuibert, Paris, 2016

PAYRE S., «*Les PME françaises s'occupent-elles de leurs managers ? Principaux dysfonctionnements managériaux et RH à l'origine des difficultés de prise en charge d'une fonction d'encadrement*», Revue de GRH, 2017/2, n°104, pp. 35-60.

PAYRE S., SCOUARNEC A., «*Manager : Un métier en mutation ? Essai de lecture rétro-prospective pour dessiner les contours du métier de manager et les accompagnements RH nécessaires*», Revue de GRH, n°97, juillet-août-septembre 2015

PRALONG J., *La «génération Y» au travail : un péril jeune ?*, XXe Congrès AGRH, Rennes, 2009

de ROZARIO P., «*Les entreprises peuvent-elles faire confiance à la confiance ? Une exploration du lien contrôle-confiance comme principe organisationnel*», Journée «*La confiance en question*», CNAM, 20 mars 2015

SUNDBERG N., SNOWDEN L., REYNOLDS W., «*Toward Assessment of Personal Competence and Incompetence in Life Situation*». Annual Review of Psychology, 1978

SCOUARNEC A., BRILLET F., PAYRE S., TISSIOUI M., JOFFRE C., KEULEYAN R. (2018), «*Configurations Ressources Humaines : vers une grille de lecture prospective et innovante*», Communication au congrès de l'AGRH intégrée aux actes, Lyon, 2018

TAYLOR F.W., *The Principles of Scientific Management*, Harper Brothers, New York, 1911

TARDIF J., *L'évaluation des compétences : documenter le parcours de compétences*, Chenelière Éducation, Montréal, 2006

THEVENET M., *Quand les petits chefs deviendront grands*, éditions d'Organisation, Paris, 2004

THEVENET M., *Managers en quête d'auteurs*, Manitoba/Les Belles Lettres, Paris, 2012

WHITE R., *Ego and Reality in psychoanalytic theory*, Psychological Issues, 3(3), Monograph 11, 1-210, 1963

SITES

https://aunege.fr/statics/pdf/referentiel-competences-fnege-aunege.pdf

https://www.pwc.com/gx/en/services/people-organisation/workforce-of-the-future/workforce-of-the-future-the-competing-forces-shaping-2030-pwc.pdf

https://www.francenum.gouv.fr/guides-et-conseils/strategie-numerique/transformation-numerique-des-entreprises-les-etudes-retenir

https://www.usinenouvelle.com/article/avis-d-expert-covid-19-ettransformation-numerique-effet-crise-ou-impact-durable.N981351

https://theconversation.com/la-crise-de-la-covid-19-remet-enquestion-le-sens-que-lon-donne-a-son-travail-136895

https://www.irsst.qc.ca/media/documents/PubIRSST/R-543.pdf,

https://youtu.be/UJR2Y8mSp2U

https://www.strategie.gouv.fr/espace-presse/lavenir-travail-quatre-types-dorganisation-travail-lhorizon-2030

ESPRIT DE SERVICE FRANCE

En conciliant humain, digital, responsabilité sociale et performance, Esprit de Service France défend et promeut une certaine idée de l'excellence de service et accompagne les organisations, privées et publiques, dans la Transformation.

Esprit de Service France est un espace de réflexion qui réunit à travers ses membres, les représentants de tous secteurs d'activités (sport, tourisme, service, etc.) et les principaux acteurs du monde académique et scientifique. Cette réflexion se nourrit et se construit par de nombreuses rencontres : conventions, événements, webinaires, groupes de travail...

Concrètement, Esprit de Service France est un "do tank", dont l'action est basée sur la co-construction à travers :
- la production régulière de publications (livres blancs, baromètres, études et enquêtes);
- la production d'outils de formation (MOOCs : « Réussir l'accueil et service en France », « Stratégie DATA », etc.);
- des partenariats divers ouverts aux membres ;
- un label « Excellence de service ».

À travers son modèle de management par l'esprit de service et son action, Esprit de Service France porte une dynamique et un enjeu : l'excellence du service à la française comme levier de compétitivité.

Pour en savoir plus :

espritdeservicefrance.fr

Contacts :

Maryse Juranville - présidente
maryse.juranville@espritdesevicefrance.fr

Agnès Baillot - secrétaire générale
agnes.baillot@espritdeservicefrance.fr

Jean-Yves Lépine - trésorier
jy.lepine@espritdeservicefrance.fr

Pour mobiliser et engager votre écosystème,
vous pouvez commander des exemplaires directement :

https://editionscontenta.com

*(livraison offerte
à partir de 10 exemplaires)*

Également aux éditions ContentA :

« 40 mots pour un numérique responsable - Guide pour un numérique à impacts positifs en entreprise »
de Frédérick Marchand

« Une entreprise responsable et rentable, c'est possible - Avec 18 entretiens de dirigeants d'entreprise »
de Claire-Agnès Gueutin et Benjamin Zimmer

Pour contacter les éditions ContentA :

contact@editionscontenta.com

éditions
ContentA